興味の尽きることのない漢字学習

漢字文化圏の人々だけではなく、
世界中に日本語研究をしている人が数多くいます。
漢字かなまじり文は、独特の形を持ちながら
伝統ある日本文化を支え、
伝達と文化発展の基礎となってきました。
その根幹は漢字。
一字一字を調べていくと、
その奥深さに心打たれ、興味がわいてきます。
漢字は、生涯かけての
勉強の相手となるのではないでしょうか。

「漢検」級別 主な出題内容

10級 …対象漢字数 80字
漢字の読み／漢字の書取／筆順・画数

9級 …対象漢字数 240字
漢字の読み／漢字の書取／筆順・画数

8級 …対象漢字数 440字
漢字の読み／漢字の書取／部首・部首名／筆順・画数／送り仮名／対義語／同じ漢字の読み

7級 …対象漢字数 642字
漢字の読み／漢字の書取／部首・部首名／筆順・画数／送り仮名／対義語／同音異字／三字熟語

6級 …対象漢字数 835字
漢字の読み／漢字の書取／部首・部首名／筆順・画数／送り仮名／対義語・類義語／同音・同訓異字／三字熟語／熟語の構成

5級 …対象漢字数 1026字
漢字の読み／漢字の書取／部首・部首名／筆順・画数／送り仮名／対義語・類義語／同音・同訓異字／誤字訂正／四字熟語／熟語の構成

4級 …対象漢字数 1339字
漢字の読み／漢字の書取／部首・部首名／送り仮名／対義語・類義語／同音・同訓異字／誤字訂正／四字熟語／熟語の構成

3級 …対象漢字数 1623字
漢字の読み／漢字の書取／部首・部首名／送り仮名／対義語・類義語／同音・同訓異字／誤字訂正／四字熟語／熟語の構成

準2級 …対象漢字数 1951字
漢字の読み／漢字の書取／部首・部首名／送り仮名／対義語・類義語／同音・同訓異字／誤字訂正／四字熟語／熟語の構成

2級 …対象漢字数 2136字
漢字の読み／漢字の書取／部首・部首名／送り仮名／対義語・類義語／同音・同訓異字／誤字訂正／四字熟語／熟語の構成

準1級 …対象漢字数 約3000字
漢字の読み／漢字の書取／故事・諺／対義語・類義語／同音・同訓異字／誤字訂正／四字熟語

1級 …対象漢字数 約6000字
漢字の読み／漢字の書取／故事・諺／対義語・類義語／同音・同訓異字／誤字訂正／四字熟語

※ここに示したのは出題分野の一例です。毎回すべての分野から出題されるとは限りません。また、このほかの分野から出題されることもあります。

日本漢字能力検定採点基準 最終改定：平成25年4月1日

❶ 採点の対象
筆画を正しく、明確に書かれた字を採点の対象とし、くずした字や、乱雑に書かれた字は採点の対象外とする。

❷ 字種・字体
① 2〜10級の解答は、内閣告示「常用漢字表」（平成二十二年）による。ただし、旧字体での解答は正答とは認めない。
② 1級および準1級の解答は、『漢検要覧 1／準1級対応』（公益財団法人日本漢字能力検定協会発行）に示す「標準字体」「許容字体」「旧字体一覧表」による。

❸ 読み
① 2〜10級の解答は、内閣告示「常用漢字表」（平成二十二年）による。
② 1級および準1級の解答には、①の規定は適用しない。

❹ 仮名遣い
仮名遣いは、内閣告示「現代仮名遣い」による。

❺ 送り仮名
送り仮名は、内閣告示「送り仮名の付け方」による。

❻ 部首
部首は、『漢検要覧 2〜10級対応』（公益財団法人日本漢字能力検定協会発行）収録の「部首一覧表と部首別の常用漢字」による。

❼ 筆順
筆順の原則は、文部省編『筆順指導の手びき』（昭和三十三年）による。常用漢字一字一字の筆順は、『漢検要覧 2〜10級対応』収録の「常用漢字の筆順一覧」による。

❽ 合格基準

級	満点	合格
1級／準1級／2級	二〇〇点	八〇％程度
準2級／3級／4級／5級／6級／7級	二〇〇点	七〇％程度
8級／9級／10級	一五〇点	八〇％程度

※部首、筆順は「漢検 漢字学習ステップ」など公益財団法人日本漢字能力検定協会発行図書でも参照できます。

日本漢字能力検定審査基準

10級

程度　小学校第1学年の学習漢字を理解し、文や文章の中で使える。

領域・内容

《読むことと書くこと》　小学校学年別漢字配当表の第1学年の学習漢字を読み、書くことができる。

《筆順》　点画の長短、接し方や交わり方、筆順および総画数を理解している。

9級

程度　小学校第2学年までの学習漢字を理解し、文や文章の中で使える。

領域・内容

《読むことと書くこと》　小学校学年別漢字配当表の第2学年までの学習漢字を読み、書くことができる。

《筆順》　点画の長短、接し方や交わり方、筆順および総画数を理解している。

8級

程度　小学校第3学年までの学習漢字を理解し、文や文章の中で使える。

領域・内容

《読むことと書くこと》　小学校学年別漢字配当表の第3学年までの学習漢字を読み、書くことができる。

- 音読みと訓読みとを理解していること
- 送り仮名に注意して正しく書けること（食べる、楽しい、後ろ　など）
- 対義語の大体を理解していること（勝つ―負ける、重い―軽い　など）
- 同音異字を理解していること（反対、体育、期待、太陽　など）

《筆順》　筆順、総画数を正しく理解している。

《部首》　主な部首を理解している。

7級

程度　小学校第4学年までの学習漢字を理解し、文章の中で正しく使える。

領域・内容

《読むことと書くこと》　小学校学年別漢字配当表の第4学年までの学習漢字を読み、書くことができる。

- 音読みと訓読みとを正しく理解していること
- 送り仮名に注意して正しく書けること（等しい、短い、流れる　など）
- 熟語の構成を知っていること
- 対義語の大体を理解していること（入学―卒業、成功―失敗　など）
- 同音異字を理解していること（健康、高校、公共、外交　など）

《筆順》　筆順、総画数を正しく理解している。

《部首》　部首を理解している。

6級

程度　小学校第５学年までの学習漢字を理解し、文章の中で漢字が果たしている役割を知り、正しく使える。

領域・内容

《読むことと書くこと》　小学校学年別漢字配当表の第５学年までの学習漢字を読み、書くことができる。

・音読みと訓読みとを正しく理解していること
・送り仮名や仮名遣いに注意して正しく書けること（求める、失う　など）
・熟語の構成を知っていること（上下、絵画、大木、読書、不明　など）
・対義語、類義語の大体を理解していること（禁止―許可、平等―均等　など）
・同音・同訓異字を正しく理解していること

《筆順》　筆順、総画数を正しく理解している。

《部首》　部首を理解している。

5級

程度　小学校第６学年までの学習漢字を理解し、文章の中で漢字が果たしている役割に対する知識を身に付け、漢字を文章の中で適切に使える。

領域・内容

《読むことと書くこと》　小学校学年別漢字配当表の第６学年までの学習漢字を読み、書くことができる。

・音読みと訓読みとを正しく理解していること
・送り仮名や仮名遣いに注意して正しく書けること
・熟語の構成を知っていること
・対義語、類義語を正しく理解していること
・同音・同訓異字を正しく理解していること

《四字熟語》　四字熟語を正しく理解している（有名無実、郷土芸能　など）。

《筆順》　筆順、総画数を正しく理解している。

《部首》　部首を理解し、識別できる。

4級

程度　常用漢字のうち約１３００字を理解し、文章の中で適切に使える。

領域・内容

《読むことと書くこと》　小学校学年別漢字配当表のすべての漢字と、その他の常用漢字約３００字の読み書きを習得し、文章の中で適切に使える。

・音読みと訓読みとを正しく理解していること
・送り仮名や仮名遣いに注意して正しく書けること
・熟語の構成を正しく理解していること
・熟字訓、当て字を理解していること（小豆／あずき、土産／みやげ　など）
・対義語、類義語、同音・同訓異字を正しく理解していること

《四字熟語》　四字熟語を理解している。

《部首》　部首を識別し、漢字の構成と意味を理解している。

3級

程度　常用漢字のうち約１６００字を理解し、文章の中で適切に使える。

領域・内容

《読むことと書くこと》　小学校学年別漢字配当表のすべての漢字と、その他の常用漢字約６００字の読み書きを習得し、文章の中で適切に使える。

・音読みと訓読みとを正しく理解していること
・送り仮名や仮名遣いに注意して正しく書けること
・熟語の構成を正しく理解していること
・熟字訓、当て字を理解していること（乙女／おとめ、風邪／かぜ　など）
・対義語、類義語、同音・同訓異字を正しく理解していること

《四字熟語》　四字熟語を理解している。

《部首》　部首を識別し、漢字の構成と意味を理解している。

※常用漢字とは、平成22年（2010年）11月30日付内閣告示による「常用漢字表」に示された2136字をいう。

準2級

程度 常用漢字のうち1951字を理解し、文章の中で適切に使える。

領域・内容

《読むことと書くこと》 1951字の漢字の読み書きを習得し、文章の中で適切に使える。

・音読みと訓読みとを正しく理解していること
・送り仮名や仮名遣いに注意して正しく書けること
・熟語の構成を正しく理解していること
・熟字訓、当て字を理解していること（硫黄／いおう、相撲／すもう　など）
・対義語、類義語、同音・同訓異字を正しく理解していること

《四字熟語》 典拠のある四字熟語を理解している（驚天動地、孤立無援　など）。

《部首》 部首を識別し、漢字の構成と意味を理解している。

※1951字とは、昭和56年（1981年）10月1日付内閣告示による旧「常用漢字表」の1945字から「勺」「錘」「銑」「脹」「匁」の5字を除いたものに、現行の「常用漢字表」のうち、「茨」「媛」「岡」「熊」「埼」「鹿」「栃」「奈」「梨」「阪」「阜」の11字を加えたものを指す。

2級

程度 すべての常用漢字を理解し、文章の中で適切に使える。

領域・内容

《読むことと書くこと》 すべての常用漢字の読み書きに習熟し、文章の中で適切に使える。

・音読みと訓読みとを正しく理解していること
・送り仮名や仮名遣いに注意して正しく書けること
・熟語の構成を正しく理解していること
・熟字訓、当て字を理解していること（海女／あま、玄人／くろうと　など）
・対義語、類義語、同音・同訓異字などを正しく理解していること

《四字熟語》 典拠のある四字熟語を理解している（鶏口牛後、呉越同舟　など）。

《部首》 部首を識別し、漢字の構成と意味を理解している。

準1級

程度 常用漢字を含めて、約3000字の漢字の音・訓を理解し、文章の中で適切に使える。

領域・内容

《読むことと書くこと》 常用漢字の音・訓を含めて、約3000字の漢字の読み書きに慣れ、文章の中で適切に使える。

・熟字訓、当て字を理解していること
・対義語、類義語、同音・同訓異字などを理解していること
・国字を理解していること（峠、凧、畠　など）
・複数の漢字表記について理解していること（國―国、交叉―交差　など）

《四字熟語・故事・諺》 典拠のある四字熟語、故事成語・諺を正しく理解している。

《古典的文章》 古典的文章の中での漢字・漢語を理解している。

※約3000字の漢字は、JIS第一水準を目安とする。

1級

程度 常用漢字を含めて、約6000字の漢字の音・訓を理解し、文章の中で適切に使える。

領域・内容

《読むことと書くこと》 常用漢字の音・訓を含めて、約6000字の漢字の読み書きに慣れ、文章の中で適切に使える。

・熟字訓、当て字を理解していること
・対義語、類義語、同音・同訓異字などを理解していること
・国字を理解していること（怺える、毟る　など）
・地名・国名などの漢字表記（当て字の一種）を知っていること
・複数の漢字表記について理解していること（鹽―塩、颱風―台風　など）

《四字熟語・故事・諺》 典拠のある四字熟語、故事成語・諺を正しく理解している。

《古典的文章》 古典的文章の中での漢字・漢語を理解している。

※約6000字の漢字は、JIS第一・第二水準を目安とする。

※常用漢字とは、平成22年（2010年）11月30日付内閣告示による「常用漢字表」に示された2136字をいう。

個人受検を申し込まれる皆さまへ

協会ホームページのご案内

検定に関する最新の情報（申込方法やお支払い方法など）は、公益財団法人　日本漢字能力検定協会ホームページ https://www.kanken.or.jp/ をご確認ください。

なお、下記の二次元コードから、ホームページへ簡単にアクセスできます。

受検規約について

受検を申し込まれる皆さまは、「日本漢字能力検定 受検規約（漢検PBT）」の適用があることを同意のうえ、検定の申し込みをしてください。受検規約は協会のホームページでご確認いただけます。

1 受検級を決める

受検資格　制限はありません

実施級　1、準1、2、準2、3、4、5、6、7、8、9、10級

検定会場　全国主要都市約170か所に設置
（実施地区は検定の回ごとに決定）

検定時間　ホームページにてご確認ください。

2 検定に申し込む

インターネットにてお申し込みください。

注意

①家族・友人と同じ会場での受検を希望する方は、検定料のお支払い完了後、申込締切日の2営業日後までに協会（お問い合わせフォーム）までお知らせください。

②障がいがあるなど、身体的・精神的な理由により、受検上の配慮を希望される方は、申込締切日までに協会（お問い合わせフォーム）までご相談ください（申込締切日以降のお申し出には対応できかねます）。

③申込締切日以降は、受検級・受検地を含む内容変更および取り消し・返金は、いかなる場合もできません。また、次回以降の振替え、団体受検や漢検CBTへの変更もできません。

団体受検の申し込み

自分の学校や企業などの団体で志願者が一定以上集まると、団体単位で受検の申し込みができる「団体受検」という制度もあります。団体受検申込を扱っているかどうかは先生や人事関係の担当者に確認してください。

3 受検票が届く

受検票は検定日の約1週間前から順次お届けします。

注意

①1、準1、2、準2級の方は、後日届く受検票に顔写真（タテ4㎝×ヨコ3㎝、6か月以内に撮影、上半身無帽、正面）を貼り付け、会場に当日持参してください。（当日回収・返却不可）

②3級～10級の方は顔写真は不要です。

4 検定日当日

持ち物　受検票、鉛筆（HB、B、2Bの鉛筆またはシャープペンシル）、消しゴム

※ボールペン、万年筆などの使用は認められません。ルーペ持ち込み可。

注意

① 会場への車での来場（送迎を含む）は、交通渋滞の原因や近隣の迷惑になりますので固くお断りします。

② 検定開始時刻の15分前を目安に受検教室までお越しください。答案用紙の記入方法などを説明します。

③ 携帯電話やゲーム、電子辞書などは、電源を切り、かばんにしまってから入場してください。

④ 検定中は受検票を机の上に置いてください。

⑤ 答案用紙には、あらかじめ名前や生年月日などが印字されています。

⑥ 検定日の約5日後に漢検ホームページにて標準解答を公開します。

5 合否の通知

検定日の約40日後に、受検者全員に「検定結果通知」を郵送します。合格者には「合格証書」・「合格証明書」を同封します。欠席者には検定問題と標準解答をお送りします。受検票は検定結果が届くまで大切に保管してください。

進学・就職に有利！ 合格者全員に合格証明書発行

大学・短大の推薦入試の提出書類に、また就職の際の履歴書に添付してあなたの漢字能力をアピールしてください。合格者全員に、合格証書と共に合格証明書を2枚、無償でお届けいたします。

合格証明書が追加で必要な場合は有償で再発行できます。

申請方法はホームページにてご確認ください。

お問い合わせ窓口

電話番号　フリーコール **0120-509-315**（無料）

（海外からはご利用いただけません。ホームページよりメールでお問い合わせください。）

お問い合わせ時間　月～金　9時00分～17時00分

（祝日・お盆・年末年始を除く）

※公開会場検定日とその前日の土曜は開設

※検定日は9時00分～18時00分

メールフォーム　https://www.kanken.or.jp/kanken/contact/

「漢検」受検の際の注意点

【字の書き方】

問題の答えは楷書で大きくはっきり書きなさい。乱雑な字や続け字、また、行書体や草書体のようにくずした字は採点の対象とはしません。

特に漢字の書き取り問題では、答えの文字は教科書体をもとにして、はねるところ、とめるところなどもはっきり書きましょう。また、画数に注意して、一画一画を正しく、明確に書きなさい。

《例》

○熱　×熱

○言　×言

○糸　×糸

【字種・字体について】

(1)日本漢字能力検定2～10級においては、「常用漢字表」に示された字種で書きなさい。つまり、表外漢字（常用漢字表にない漢字）を用いると、正答とは認められません。

《例》

○交差点　×交叉点　（「叉」が表外漢字）

○寂しい　×淋しい　（「淋」が表外漢字）

(2)日本漢字能力検定2～10級においては、「常用漢字表」に示された字体で書きなさい。なお、「常用漢字表」に参考として示されている康熙《こうき》字典体など、旧字体と呼ばれているものを用いると、正答とは認められません。

《例》

○真　×眞　　○渉　×涉

○飲　×飮　　○迫　×迫

○弱　×弱

(3)一部例外として、平成22年告示「常用漢字表」で追加された字種で、許容字体として認められているものや、その筆写文字と印刷文字との差が習慣の相違に基づくとみなせるものは正答と認めます。

《例》

餌 ➡ 餌 と書いても可

遜 ➡ 遜 と書いても可

葛 ➡ 葛 と書いても可

溺 ➡ 溺 と書いても可

箸 ➡ 箸 と書いても可

注意

(3)において、どの漢字が当てはまるかなど、一字一字については、当協会発行図書（2級対応のもの）掲載の漢字表で確認してください。

公益財団法人 日本漢字能力検定協会

漢検

漢検 過去問題集

2級

漢検 公益財団法人 日本漢字能力検定協会

●本書に関するアンケート●

今後の出版事業に役立てたいと思いますので、アンケートにご協力ください。抽選で粗品をお送りします。

◆PC・スマートフォンの場合

下記URL、または二次元コードから回答画面に進み、画面の指示に従ってお答えください。

https://www.kanken.or.jp/kanken/textbook/past.html

◆愛読者カード（ハガキ）の場合

本書挟み込みのハガキに切手を貼り、お送りください。

目次

この本の構成と使い方

この本は、2021・2022年度に実施した日本漢字能力検定（漢検）2級の試験問題と、その標準解答を収録したものです。

さらに、受検のためのQ&A、答案用紙の実物大見本、合格者平均得点など、受検にあたって知っておきたい情報を収めました。

□「漢検」受検Q&A

検定当日の注意事項や、実際の答案記入にあたって注意していただきたいことをまとめました。

□試験問題（13回分）

2021・2022年度に実施した試験問題のうち13回分を収録しました。問題1回分は見開きで4ページです。

2級は200点満点、検定時間は60分です。時間配分に注意しながら、合格のめやすである80％程度正解を目標として取り組んでください。

□資料

「常用漢字表　付表」と「都道府県名」の一覧を掲載しました。

試験問題・標準解答は
段ごとに
右ページから左ページへ
続けてご覧ください。

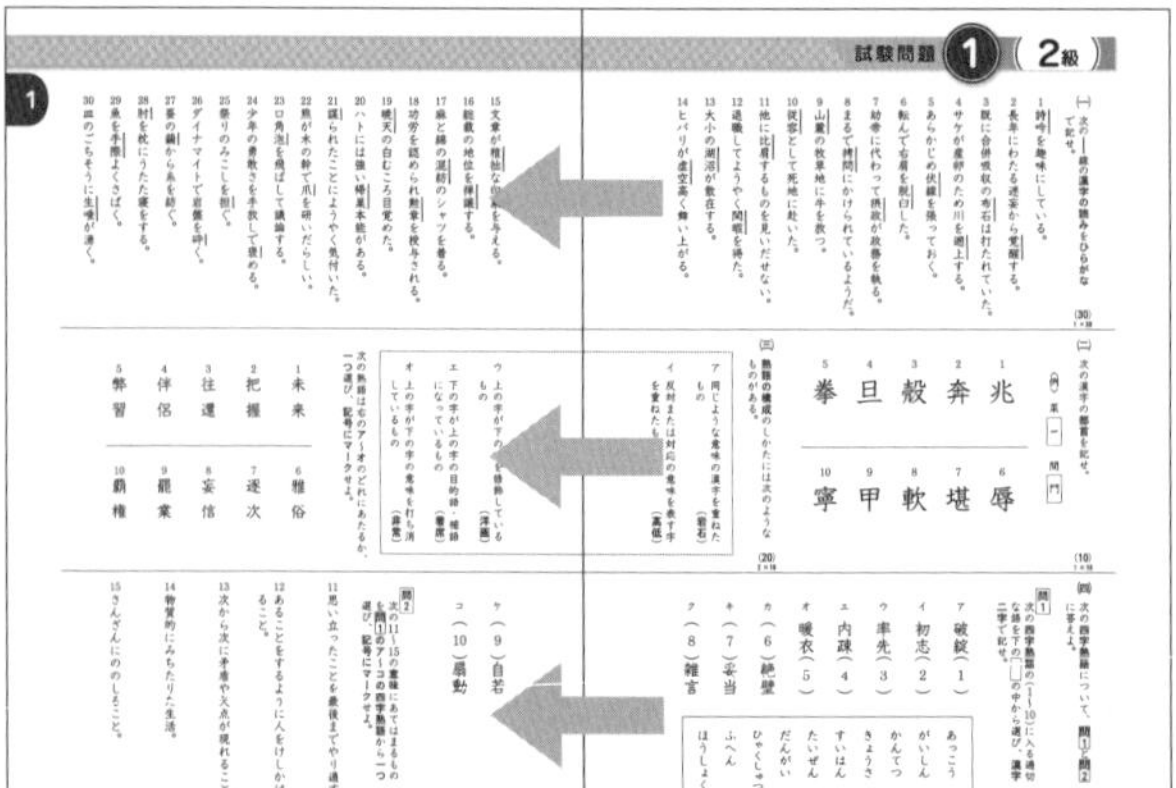

□答案用紙実物大見本

巻末には、検定で使う実物とほぼ同じ大きさ・用紙の答案用紙を収録。実際の解答形式に慣れることができます。問題は不許複製ですが、答案用紙実物大見本はコピーをしてお使いください。

また、日本漢字能力検定協会ホームページからもダウンロードできます。

https://www.kanken.or.jp/kanken/textbook/past.html

□別冊・標準解答

各問題の標準解答は、別冊にまとめました。1回分は見開きで2ページです。

また、試験問題**1**〜**11**の解答には、(一)(二)(三)……の大問ごとに合格者平均得点をつけました。難易のめやすとしてお役立てください。

□データでみる「漢検」

「漢検」受検者の年齢層別割合・設問項目別正答率を掲載しました。

> ●巻頭—カラー口絵
>
> 主な出題内容、採点基準、および審査基準などを掲載。
>
> ●付録—準1級の試験問題・答案用紙・標準解答
>
> 準1級の試験問題・答案用紙1回分を、2級の試験問題の後に収録(標準解答は別冊に収録)。

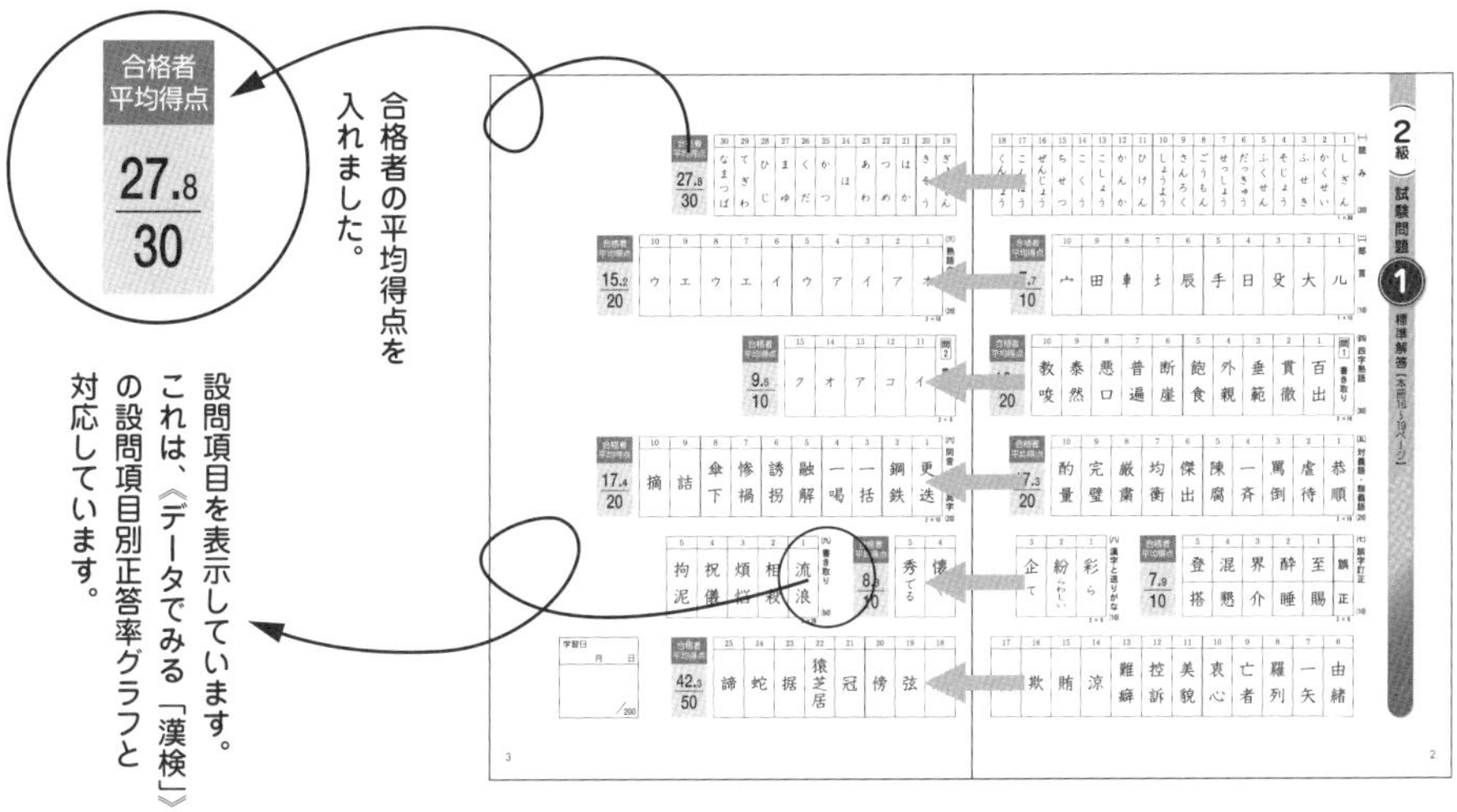
合格者平均得点
27.8
30
合格者の平均得点を入れました。
設問項目を表示しています。これは、《データでみる「漢検」》の設問項目別正答率グラフと対応しています。
2級 試験問題1 標準解答

「漢検」受検 Q&A

●検定当日について

Q 検定当日の持ち物は？

A 鉛筆またはシャープペンシル（HB・B・2B）、消しゴム、受検票（公開会場の場合。写真が必要です）を必ず持参してください。ボールペンや万年筆、こすって消せるペン（摩擦熱で無色になる特殊なインクを使ったペン）などの使用は認められません。

印刷されている文字が小さくて見えにくい方は、ルーペ（拡大鏡）を使ってもかまいません。

また、時間の確認のため、腕時計を持参してもかまいません。ただし、携帯電話を時計代わりに使うことはできません。検定会場内で携帯電話やその他電子機器を使用すると、不正行為とみなされ失格となります。

●答案について

Q 標準解答の見方は？

A 例

無粋
不粋

「無粋」「不粋」どちらでも正解とします。

ぶんぴ
ぶんぴつ

「ぶんぴ」「ぶんぴつ」どちらでも正解とします。

Q 標準解答に、複数の答えが示されている場合、そのすべてを答えないと正解にならないのか？

A 標準解答に、複数の答えが示されている場合、そのうちどれか一つが正しく書けていれば正解とします。すべてを書く必要はありません。

なお、答えを複数書いた場合、そのなかの一つでも間違っていれば不正解としますので、注意してください。

例 問題 次の――線の**漢字の読みをひらがな**で記せ。

現在の地位に執着する。

標準解答 しゅうじゃく しゅうちゃく

解答例
しゅうじゃく……○
しゅうちゃく……○
しゅうじゃく しゅうちゃく……○
しっちゃく しゅうちゃく……×

Q 答えを漢字で書く際に注意することは？

A 漢字は、楷書で丁寧に、解答欄内に大きくはっきりと書いてください。くずした字や乱雑な字などは採点の対象外とします（※）。教科書体を参考にして、はねるところ、とめるところなどもはっきり書きましょう。

特に、次に示す点に注意してください。

①画数を正しく書く

例
様……○　様……×　糸……○　糸……×
話……○　話……×　昼……○　昼……×

②字の骨組みを正しく書く

例
堂……○　堂……×　踏……○　踏……×
独……○　独……×　想……○　想……×

③突き出るところ、突き出ないところを正しく書く

例 車…○　車…×　降…○　降…×

角…○　角…×　重…○　重…×

④字の組み立てを正しく書く

例 潔…○　潔…×　落…○　落…×

染…○　染…×　薄…○　薄…×

⑤一画ずつ丁寧に書く

例 池…○　池…×　鳥…○　鳥…×

改…○　改…×　戦…○　戦…×

⑥よく似た別の字（または字の一部分）と区別がつくように書く

例 土／士　未／末

壬／王　干／千

（※）採点の対象外とする字とは？

自分だけが読み取れれば良いメモなどとは違い、検定では誰が見ても正しく読み取れる字を書かなければ正解とはなりません。

くずした字や乱雑な字など、字体（文字の骨組み）が読み取れない字は採点の対象外とし、不正解とします。また、答案用紙は機械で読み取るため、機械が読み取らないほど薄い字も、採点の対象外です。

●採点の対象外とする字の例

・細部が潰れている字

例 優…○　優…×　曜…○　曜…×

輸…○　輸…×　厳…○　厳…×

・続け字

例
銀…○　銀…×　細…○　細…×
顔…○　顔…×　試…○　試…×

・小さい字（周りの四角は解答欄を表す）

例
確…○　確…×
悲…○　悲…×

・消したかどうかわからない部分がある字

例
暴…○　暴…×　垂…○　垂…×
休…○　休…×　専…○　専…×

・不要な部分がある字

例
危…○　危…×　水…○　水…×
属…○　属…×　糸…○　糸…×

Q 答えをひらがなで書く際に注意することは？

A 漢字を書くときと同様に、楷書で丁寧に書いてください。特に、次に示す点に注意してください。

①バランスがくずれると区別がつきにくくなる字は、区別がつくように丁寧に書く

例
い／り　か／や　く／し
て／へ　ゆ／わ　い／こ

②拗音《ようおん》「ゃ」「ゅ」「ょ」や促音《そくおん》「っ」は小さく右に寄せて書く

例
いしゃ…○　いしや…×
がっこう…○　がつこう…×

③濁点「゛」や半濁点「゜」をはっきり書く

例
が…○　が…×　が…×
ぱ…○　ば…×　ば…×

④一画ずつ丁寧に書く

例
な…○　な…×　ふ…○　ふ…×
う…○　う…×　も…○　も…×

Q 2～10級の検定で、旧字体や「常用漢字表」に示されていない漢字（表外漢字）、歴史的仮名遣《かなづか》いを用いて答えてもよいか？

A 2～10級の解答には、常用漢字および現代仮名遣いを用いてください。旧字体や表外漢字、歴史的仮名遣いを用いた解答は不正解とします。

また、「常用漢字表」に示されていない読み（表外読み）を用いた解答も不正解とします。

例1 問題　次の——線の**カタカナ**を**漢字**に直せ。

信号が**テンメツ**している。

解答例　点滅………○

點滅………×　「點」が旧字体

例2 問題　次の——線の**漢字の読み**を**ひらがな**で記せ。

池にうっすらと氷がはる。

解答例　こおり………○

こほり………×　「こほり」は歴史的仮名遣い

例3 問題　次の——線の**カタカナ**を**漢字**に直せ。

紙くずをごみ箱に**ス**てる。

解答例　捨………○

棄………×　「棄」の訓読み「す(てる)」は表外読み

Q 「遡」を「遡」、「餅」を「餅」と書いてもよいか？

A 2～10級の検定では、「常用漢字表」に示された字体を用いて答えなければなりません。ただし、例外として、平成22（2010）年告示「常用漢字表」で追加された漢字のうち、許容字体が併せて示されたものは正解とします。

「遡」や「餅」という字体はこの例外に当てはまりますので、正解となります。

Q 次の例ではどちらが正しい書き方か？

A ①

言「言」か「言」か
条「条」か「条」か
令「令」か「令」か

どちらの書き方でも正解とします。

こうした違いについては、「常用漢字表」の「（付）字体についての解説」に、「印刷文字と手書き文字におけるそれぞれの習慣の相違に基づく表現の差と見るべきもの」として例示されており、字体としては同じ（どちらで書いてもよい）とされています。

②

溺「溺」か「溺」か
頬「頬」か「頬」か
剥「剥」か「剥」か

どちらの書き方でも正解とします。

これらのように、印刷文字と手書き文字におけるそれぞれの習慣の相違に基づく表現の差が、字体（文字の骨組み）の違いに及ぶ場合もありますが、いわば例外的なものです。

Q 「比」「衣」「越」などは「㇀」と書くのか「レ」と書くのか？

A 「比」「衣」「越」などの「㇀」の部分は、活字のデザインにおいて、一画で書く「レ」の折れを強調したものです。

検定では、次に示す教科書体を手本にして、「レ」のように一画で書いてください。

例

衣　越　猿　仰　氏　紙　長
底　展　農　比　民　裏　留

Q 解答方法で注意することは？

A 問題文をよく読んで答えましょう。答える部分や答え方など、問題文に指定がある場合は、必ずそれに従って答えてください。問題文の指定に合っていない答えは不正解とします。

特に、次に示す点に注意してください。

①「答えを一字書きなさい」と指定があれば「一字」のみ答える

例 問題 後の□内のひらがなを**漢字**に直して□に入れ、**四字熟語**を完成せよ。□内のひらがなは一度だけ使い、**答案用紙に一字記入**せよ。

新進気□　い・えい・えん・かん

解答例 鋭……………◯
気鋭…………×
新進気鋭……×

②「ひらがなで書きなさい」と指定があれば「ひらがな」で答える

例 問題 次の——線の**カタカナ**を**漢字一字と送りがな（ひらがな）**に直せ。

交番で道を**タズネル**。

解答例 尋ねる……◯　尋ネル……×

③「算用数字で書きなさい」と指定があれば「算用数字」で答える

例 問題 次の漢字の**太い画**のところは**筆順の何画目**か、**算用数字**（1、2、3…）で答えなさい。

若

解答例 4…………◯　四…………×

④「――線の漢字の読みを書きなさい」と指定があれば「――線」部分のみ答える

例 問題　次の――線の**漢字の読み**を**ひらがな**で記せ。
駅の昇降口が混雑している。
解答例　しょうこう…………○
しょうこうぐち……×

⑤「――線の右に書きなさい」と指定があれば「――線の右」に記入する

例 問題　つぎの――線の**漢字**の**読みがな**を――線の**右**に書きなさい。
ベランダの植木に水をやる。
解答例　ベランダの植木《うえき》に水をやる。……○
ベランダの植木《うえき》に水をやる。……×

試験問題	学 習 日	得　点
1	月　日	点
2	月　日	点
3	月　日	点
4	月　日	点
5	月　日	点
6	月　日	点
7	月　日	点
8	月　日	点
9	月　日	点
10	月　日	点
11	月　日	点
12	月　日	点
13	月　日	点

2級　試験問題

試験問題 1 （2級）

(一) 次の——線の**漢字の読み**を**ひらがな**で記せ。 (30) 1×30

1 詩吟を趣味にしている。
2 長年にわたる迷妄から覚醒する。
3 既に合併吸収の布石は打たれていた。
4 サケが産卵のため川を遡上する。
5 あらかじめ伏線を張っておく。
6 転んで右肩を脱臼した。
7 幼帝に代わって摂政が政務を執る。
8 まるで拷問にかけられているようだ。
9 山麓の牧草地に牛を放つ。
10 従容として死地に赴いた。
11 他に比肩するものを見いだせない。
12 退職してようやく閑暇を得た。
13 大小の湖沼が散在する。
14 ヒバリが虚空高く舞い上がる。

(二) 次の漢字の**部首**を記せ。 (10) 1×10

〈例〉 菜〔艹〕 間〔門〕

1 兆
2 奔
3 殻
4 旦
5 拳
6 辱
7 堪
8 軟
9 甲
10 寧

(三) **熟語の構成**のしかたには次のようなものがある。 (20) 2×10

ア 同じような意味の漢字を重ねたもの （**岩石**）
イ 反対または対応の意味を表す字を重ねたもの （**高低**）

(四) 次の**四字熟語**について、**問1**と**問2**に答えよ。 (30)

問1 次の**四字熟語**の（1～10）に入る適切な語を下の□の中から選び、**漢字二字**で記せ。 (20) 2×10

ア 破綻（1）
イ 初志（2）
ウ 率先（3）
エ 内疎（4）
オ 暖衣（5）
カ （6）絶壁
キ （7）妥当
ク （8）雑言

あっこう
がいしん
かんてつ
きょうさ
すいはん
たいぜん
だんがい
ひゃくしゅつ
ふへん
ほうしょく

15 文章が稚拙な印象を与える。
16 総裁の地位を禅譲する。
17 麻と綿の混紡のシャツを着る。
18 功労を認められ勲章を授与される。
19 暁天の白むころ目覚めた。
20 ハトには強い帰巣本能がある。
21 謀られたことにようやく気付いた。
22 熊が木の幹で爪を研いだらしい。
23 口角泡を飛ばして議論する。
24 少年の勇敢さを手放しで褒める。
25 祭りのみこしを担ぐ。
26 ダイナマイトで岩盤を砕く。
27 蚕の繭から糸を紡ぐ。
28 肘を枕にうたた寝をする。
29 魚を手際よくさばく。
30 皿のごちそうに生唾が湧く。

ウ 上の字が下の字を修飾しているもの （洋画）
エ 下の字が上の字の目的語・補語になっているもの （着席）
オ 上の字が下の字の意味を打ち消しているもの （非常）

次の熟語は右の**ア～オ**のどれにあたるか、**一つ**選び、**記号にマーク**せよ。

1 未来
2 把握
3 往還
4 伴侶
5 弊習

6 雅俗
7 逐次
8 妄信
9 罷業
10 覇権

ケ （9）自若
コ （10）扇動

問2 次の11～15の**意味**にあてはまるものを**問1**の**ア～コ**の**四字熟語**から**一つ**選び、**記号にマーク**せよ。 (**10**) 2×5

11 思い立ったことを最後までやり通す。
12 あることをするように人をけしかけること。
13 次から次に矛盾や欠点が現れること。
14 物質的にみちたりた生活。
15 さんざんにののしること。

(五) 次の1～5の**対義語**、6～10の**類義語**を後の□の中から選び、**漢字**で記せ。□の中の語は一度だけ使うこと。 (20) 2×10

対義語

1 反逆
2 愛護
3 激賞
4 個別
5 新奇

類義語

6 卓抜
7 調和
8 荘重
9 万全
10 考慮

いっせい・かんぺき・ぎゃくたい
きょうじゅん・きんこう・けっしゅつ
げんしゅく・しゃくりょう・ちんぷ
ばとう

(七) 次の各文にまちがって使われている**同じ読みの漢字**が**一字**ある。**上に誤字**を、**下に正しい漢字**を記せ。 (10) 2×5

1 初優勝し至杯を手にした大関が会見で、一層稽古に精進し次の場所で横綱を目指すとの抱負を述べた。

2 糖尿病治療薬や酔眠薬など中毒を起こす虞のある薬を子供が誤飲する事故が頻繁に発生している。

3 車椅子で踏切を渡る時に厄界で怖いのは、レールの両脇にある溝に車輪がはまる危険性があることだという。

4 航空会社による格納庫の一般見学会に参加し、機体整備の方法などについて混切丁寧な説明を聞いた。

5 観測用カメラを登載した米国の探査機が木星の巨大な赤い目玉のような大赤斑の鮮明な画像を送ってきた。

(八) 次の——線の**カタカナ**を**漢字一字**と**送りがな(ひらがな)**に直せ。 (10) 2×5

〈例〉 問題に**コタエル**。 答える

6 寺の**ユイショ**を住職に尋ねる。

7 せめて**イッシ**を報いたい。

8 読んだ本の題名を**ラレツ**する。

9 金の**モウジャ**に成り果てた。

10 **チュウシン**よりおわび申し上げます。

11 類いまれな**ビボウ**に恵まれる。

12 判決を不服として**コウソ**する。

13 あれこれ**ナンクセ**をつけられた。

14 **スズ**しい顔でうそをつく。

15 財源不足の補塡を公債で**マカナ**う。

(六) 次の――線のカタカナを漢字に直せ。 (20) 2×10

1 業績不振で社長が**コウテツ**された。
2 **コウテツ**のような意志の持ち主だ。
3 会社の備品を**イッカツ**購入する。
4 無気力な選手を監督が**イッカツ**した。
5 固体が**ユウカイ**して液体になる。
6 **ユウカイ**犯の車を追跡する。
7 戦争の**サンカ**を被る。
8 大手都市銀行の**サンカ**に入る。
9 目の**ツ**んだセーターを編む。
10 花を**ツ**んで籠に入れる。

1 山野が紅葉に**イロドラ**れる。
2 本物と**マギラワシイ**偽物が出回る。
3 軍部がクーデターを**クワダテ**ていた。
4 孫たちが祖母に**ナツク**。
5 一芸に**ヒイデル**ことはたやすくない。

(九) 次の――線のカタカナを漢字に直せ。 (50) 2×25

1 諸方を**ルロウ**する旅を続けた。
2 貸し借りを**ソウサイ**する。
3 **ボンノウ**を去って悟りを開く。
4 過分の**シュウギ**を頂戴した。
5 目先の利害に**コウデイ**しない。

16 恩人を**アザム**くことになった。
17 炎暑が続いて草花が**ナ**える。
18 つぶらな**ヒトミ**のかわいい人形だ。
19 弓の**ツル**を引き絞る。
20 母屋の**カタワ**らに茶室を設ける。
21 頭上に**カンムリ**をいただく。
22 下手な**サルシバイ**にうんざりする。
23 腹を**ス**えて事に当たる。
24 鬼が出るか**ジャ**が出るか。
25 **アキラ**めは心の養生。

▼解答は別冊2・3ページ

㈠ 次の――線の**漢字の読み**を**ひらがな**で記せ。 (30) 1×30

1 書状を謹啓で書き始める。
2 一日も安閑としてはいられない。
3 印象的なエピソードを挿入する。
4 開襟シャツで通学する。
5 上司が部下に責任を転嫁する。
6 戦争を憎悪するようになった。
7 誠に汗顔の至りです。
8 ばかにされたと思って私怨を抱く。
9 古城は形骸だけをとどめていた。
10 どうか堪忍してください。
11 思いがけない筆禍に遭う。
12 奨学金の返還の猶予を願い出る。
13 ありあわせのさかなで晩酌する。
14 当時のデータはあらかた散逸した。

㈡ 次の漢字の**部首**を記せ。 (10) 1×10

〈例〉 菜［艹］ 間［門］

1 斬
2 勅
3 塞
4 尿
5 音
6 者
7 軟
8 遷
9 囚
10 亜

㈢ **熟語の構成**のしかたには次のようなものがある。 (20) 2×10

ア 同じような意味の漢字を重ねたもの （**岩石**）
イ 反対または対応の意味を表す字を重ねたもの （**高低**）

㈣ 次の**四字熟語**について、**問1**と**問2**に答えよ。 (30)

問1 次の**四字熟語**の（1～10）に入る適切な語を下の□の中から選び、**漢字二字**で記せ。 (20) 2×10

ア 竜頭（1）
イ 閑月（2）
ウ 要害（3）
エ 意気（4）
オ 綱紀（5）
カ （6）喝采
キ （7）奪胎
ク （8）奮闘

かんこつ
きんか
けんご
こぐん
しゅうか
しゅくせい
しょうてん
たき
だび
はくしゅ

15 浅薄な知識をひけらかす。
16 解毒剤を飲むと症状が治まった。
17 静かな森の中で思索にふける。
18 故人の遺族を弔問した。
19 壮図むなしく挫折した。
20 堕落した暮らしから抜け出す。
21 窓辺でギターを爪弾く。
22 奴隷同然に虐げられてきた。
23 大きな釜でご飯を炊いた。
24 袖をたくし上げて忙しく立ち働く。
25 嘲られて思わずかっとなる。
26 才気あふれる友人を妬む。
27 上っ面だけで判断するきらいがある。
28 口にするのも汚らわしい。
29 よく懐いて片時も離れようとしない。
30 美々しく飾られた山車を引く。

ウ 上の字が下の字を修飾しているもの（**洋画**）
エ 下の字が上の字の目的語・補語になっているもの（**着席**）
オ 上の字が下の字の意味を打ち消しているもの（**非常**）

次の熟語は右の**ア～オ**のどれにあたるか、**一つ**選び、**記号にマーク**せよ。

1 頒価
2 旋回
3 籠城
4 疎密
5 義憤
6 未詳
7 監督
8 衆寡
9 赦免
10 逐次

ケ （9）玉条
コ （10）亡羊

問2 次の11～15の**意味**にあてはまるものを**問1**の**ア～コの四字熟語**から**一つ**選び、**記号にマーク**せよ。

(10) 2×5

11 地勢が険しく、防備が万全なさま。
12 この上なく大切な決まりや教え。
13 助けもなく一人で懸命に努力する。
14 選択肢が幾つもあって迷うこと。
15 最初の勢いが続かず尻すぼみになること。

(五) 次の1～5の**対義語**、6～10の**類義語**を後の□の中から選び、**漢字**で記せ。□の中の語は一度だけ使うこと。

(20) 2×10

対義語

1 不毛
2 高遠
3 緩慢
4 横柄
5 炎暑

類義語

6 調停
7 寄与
8 祝福
9 法師
10 脅迫

いかく・けいが・けんきょ
こうけん・こっかん・じんそく
そうりょ・ちゅうさい・ひきん
ひよく

(七) 次の各文にまちがって使われている**同じ読みの漢字**が**一字**ある。**上に誤字**を、**下に正しい漢字**を記せ。

(10) 2×5

1 新開発の無人田植え機は、水田の四隅や取水口の場所などの情報を基にして自らの位置を派握し苗を植える。

2 カナダの新紙幣に、人種差別政策に抗議する運動を主導した黒人女性の小像画が採用された。

3 古都の夜を彩る薪能が朱塗りの社殿が背景に浮かび上がる特設舞台で演じられ観客は幽元の世界に陶酔した。

4 中国が開発した鳥型の提察用ロボットは飛び方がハトによく似ているためしばしばタカなどに襲撃される。

5 世界各地で常食される昆虫は肉や魚などに必敵する量のタンパク質や繊維質、脂肪を含んでいる。

(八) 次の――線の**カタカナ**を**漢字一字**と**送りがな(ひらがな)**に直せ。

(10) 2×5

〈例〉 問題に**コタエル**。 答える

6 帽子をとって軽く**エシャク**する。

7 両国の経済力に**ウンデイ**の差がある。

8 辞書の使い方を**ハンレイ**で確かめる。

9 第一戦で**ザンパイ**を喫した。

10 童歌に**キョウシュウ**を誘われる。

11 己の**ザイゴウ**の深さにおののく。

12 **クンプウ**が吹き渡る季節になった。

13 囲炉裏の火に**テツビン**を掛ける。

14 綿から糸を**ツム**ぎ出す。

15 子供が猫と**タワム**れている。

(六) 次の――線のカタカナを漢字に直せ。 (20) 2×10

1 空港で**ケンエキ**を受ける。
2 既得**ケンエキ**を確保する。
3 二列**ジュウタイ**で前進する。
4 事務が**ジュウタイ**している。
5 町内の道路を**セイソウ**する。
6 既に百年の**セイソウ**を経た。
7 彼のひと言が心の**キンセン**に触れた。
8 **キンセン**出納帳をつける。
9 吉日を選んで**ムネ**上げをする。
10 正直を**ムネ**として商売に励む。

1 対戦相手の実力を**アナドラ**ない。
2 流行がたちまち**スタレル**。
3 この一年で**イチジルシク**成長した。
4 屋上の社旗が**ヒルガエッ**ている。
5 年とともに記憶力が**オトロエル**。

(九) 次の――線のカタカナを漢字に直せ。 (50) 2×25

1 好評で在庫品が**フッテイ**している。
2 何とも**ヤッカイ**なことになった。
3 大広間に宴会の**ハイゼン**をする。
4 机の上を**セイトン**する。
5 寺院建築の**ソウゴン**さに圧倒された。

16 **サゲス**むような目で見られる。
17 米俵を楽々と肩に**カツ**ぐ。
18 つい口が**スベ**って母親を怒らせた。
19 借金にまみれ倒産の**ウ**き目を見た。
20 物価高で財布のひもを**シ**める。
21 **ワキバラ**の筋肉を鍛える。
22 果敢に強敵に**イド**んだ。
23 一寸の**コウイン**軽んずべからず。
24 豚に**シンジュ**。
25 舌の根の**カワ**かぬうち。

▼解答は別冊4・5ページ

試験問題 3 （2級）

（一） 次の――線の**漢字の読み**を**ひらがな**で記せ。 （30） 1×30

1 俊才として一目置かれている。
2 長大な物語の梗概を記す。
3 県の管轄する区域ではない。
4 医療費控除の申告をする。
5 観桜の宴が催された。
6 ワシが大空を旋回している。
7 勅願により大仏が建立された。
8 両親に溺愛されて育った。
9 人材の払底をいかんともし難い。
10 念願の賜杯を手中にした。
11 年齢を重ねるにつれて寡欲になった。
12 長年にわたり功徳を積んできた。
13 脱いだ服を丁寧に畳む。
14 ピストルに弾を装塡する。

（二） 次の漢字の**部首**を記せ。 （10） 1×10

〈例〉 菜 ［艹］ 間 ［門］

1 亭
2 武
3 督
4 唯
5 窟
6 献
7 幕
8 癒
9 鼓
10 羞

（三） **熟語の構成**のしかたには次のようなものがある。 （20） 2×10

ア 同じような意味の漢字を重ねたもの （**岩石**）
イ 反対または対応の意味を表す字を重ねたもの （**高低**）

（四） 次の**四字熟語**について、問1と問2に答えよ。 （30）

問1 次の**四字熟語**の（1～10）に入る適切な語を下の□の中から選び、**漢字二字**で記せ。 （20） 2×10

ア 白砂（1）
イ 合従（2）
ウ 盛者（3）
エ 放歌（4）
オ 気宇（5）
カ （6）空拳
キ （7）自重
ク （8）変化

いんにん
ききゅう
こうぎん
しゅうそう
せいしょう
そうだい
としゅ
ひっすい
ようかい
れんこう

15 昇進は時期尚早とされた。
16 懸賞金付きのクイズに挑戦する。
17 今にも動き出しそうな熊の剝製だ。
18 均斉のとれた肢体が躍動する。
19 週刊誌が俳優の醜聞を書き立てる。
20 カンガルーは有袋類の一種である。
21 使った農具を納屋にしまう。
22 故人の友人たちがひつぎを担いだ。
23 ほつれたズボンの裾をまつる。
24 批判の矢面に立って答弁する。
25 今年の夏は殊に暑かった。
26 アトリエに籠もって創作に専念する。
27 闇の中で梅がほのかに匂う。
28 ようやく謀られたことに気付いた。
29 但し、日曜・祝日は除きます。
30 夕日を浴びた山頂が神々しい。

ウ 上の字が下の字を修飾しているもの　（**洋画**）
エ 下の字が上の字の目的語・補語になっているもの　（**着席**）
オ 上の字が下の字の意味を打ち消しているもの　（**非常**）

次の熟語は右の**ア～オ**のどれにあたるか、**一つ**選び、**記号にマーク**せよ。

1 授受
2 疲弊
3 顕在
4 興廃
5 畏怖

6 失踪
7 弔辞
8 徹夜
9 不屈
10 扶助

ケ （ 9 ）存亡
コ （ 10 ）烈日

問2 次の11～15の**意味**にあてはまるものを**問1**の**ア～コ**の**四字熟語**から**一つ**選び、**記号にマーク**せよ。 (**10**) 2×5

11 心の持ちようが広く立派なこと。
12 状況次第で結びついたり離れたりすること。
13 耐えがたきを耐えて言行を慎む。
14 規律や刑罰の非常に厳しいさま。
15 浜辺の美しい景観。

(五) 次の1～5の**対義語**、6～10の**類義語**を後の□の中から選び、**漢字**で記せ。□の中の語は一度だけ使うこと。 (20) 2×10

対義語

1 枯渇
2 慶賀
3 老巧
4 賢明
5 尊敬

類義語

6 絶壁
7 卓抜
8 公表
9 安眠
10 永遠

あいとう・あんぐ・けいぶ
けっしゅつ・じゅくすい・じゅんたく
だんがい・ちせつ・ひろう
ゆうきゅう

(七) 次の各文にまちがって使われている**同じ読みの漢字**が**一字**ある。**上に誤字**を、**下に正しい漢字**を記せ。 (10) 2×5

1 日照不足で十分発電できない時に太陽光発電所が受ける損害を保険会社が補奨するビジネスが誕生した。

2 近東で約八千年前の陶器のつぼが出土し、残留物の分析で世界最古のワイン蒸造の痕跡が見いだされた。

3 挿し木に使う茎を切り取る際には、植物の組織を破壊しないよう格別に英利な刃物を使用する。

4 ロボット技術に社の将来を拓そうと開発に賭ける企業もあれば、既に撤退の道を選んだ企業もある。

5 日本の古代に奮火した火山の灰に武具を着けたまま埋没した成人男性の頭蓋骨や上腕骨が発掘された。

(八) 次の——線の**カタカナ**を**漢字一字**と**送りがな(ひらがな)**に直せ。 (10) 2×5

〈例〉 問題に**コタエル**。 答える

6 **ヨジョウ**人員を削減する。

7 大きく頑丈な**テッピ**をしつらえる。

8 手術で**ビョウソウ**を摘出する。

9 全身に**オカン**が走るのを覚えた。

10 事件の真相を**ニョジツ**に物語る。

11 シャーレで細菌を**バイヨウ**する。

12 陳情のため首相**カンテイ**を訪れる。

13 **ドナベ**で肉と野菜を煮込む。

14 蚕の**マユ**から糸を紡ぐ。

15 出場校中**ケタ**違いの強さを誇る。

3

㈥ 次の――線のカタカナを漢字に直せ。 (20) 2×10

1 白いカビンにバラを生ける。
2 神経がカビンになっている。

3 店内はカンサンとしていた。
4 円をドルにカンサンする。

5 スウキな運命をたどる。
6 国政のスウキに参画する。

7 議論のオウシュウが続いた。
8 証拠品をオウシュウする。

9 浜にモがうち上げられている。
10 祖母のモに服する。

1 何食わぬ顔で経歴をイツワッていた。
2 障子をヘダテて話す。
3 圧政が領民をシイタゲル。
4 下宿代は仕送りでマカナウ。
5 返す返すもオシイ人を亡くした。

㈨ 次の――線のカタカナを漢字に直せ。 (50) 2×25

1 失敗の責任を他人にテンカする。
2 栄達してフウキの身となった。
3 法事で僧侶におフセを包む。
4 デイスイして痴態を演じた。
5 血液が体内をジュンカンする。

16 イソウロウは肩身が狭い。
17 畑を耕してウネを立てる。
18 思わぬ伏兵に決勝進出をハバまれた。
19 石のウスで餅をつく。
20 貝殻をクダいて粉末にする。
21 ウヤウヤしい態度で来賓を迎える。
22 声をヒソめて相談している。
23 口にミツあり、腹に剣あり。
24 刀折れ矢ツきる。
25 シュに交われば赤くなる。

▼解答は別冊6・7ページ

試験問題 4 （2級）

㈠ 次の――線の**漢字の読み**を**ひらがな**で記せ。 (30) 1×30

1 社殿の屋根が緑青を帯びている。
2 漆黒の髪が風になびく。
3 友人の温情に感泣する。
4 捻挫した足首がひどく腫れた。
5 還暦の祝いに赤いシャツを贈る。
6 凄惨なシーンから目を背けた。
7 御叱正の程お願い申し上げます。
8 身に覚えのない嫌疑をかけられた。
9 偏狭な考えにとらわれている。
10 革新の孤塁を守り続けた。
11 夏の陽光に雪渓が光る。
12 かつては紡織の盛んな町であった。
13 学風を慕い俊傑が集まった。
14 詩集を知人に献本した。

㈡ 次の漢字の**部首**を記せ。 (10) 1×10

〈例〉 菜〔艹〕 間〔門〕

1 骸
2 累
3 死
4 褒
5 恭
6 虜
7 歯
8 頃
9 夢
10 宜

㈢ **熟語の構成**のしかたには次のようなものがある。 (20) 2×10

ア 同じような意味の漢字を重ねたもの （**岩石**）
イ 反対または対応の意味を表す字を重ねたもの （**高低**）

㈣ 次の**四字熟語**について、問1と問2に答えよ。 (30)

問1 次の**四字熟語**の（1～10）に入る適切な語を下の□の中から選び、**漢字二字**で記せ。 (20) 2×10

ア 当代（1）
イ 陶犬（2）
ウ 文人（3）
エ 飛花（4）
オ 一網（5）
カ （6）済民
キ （7）努力
ク （8）塞源

うんでい
がけい
けいせい
こんせつ
ずいいち
だじん
ばっぽん
ふんれい
ぼっかく
らくよう

15 木炭の使用量が漸増する。
16 豪壮な屋敷が立ち並ぶ。
17 愛猫が死んで涙に暮れる。
18 長く惰眠を貪っていた。
19 女王に謁見を願い出る。
20 忘れず自転車に施錠する。
21 使い終わった鎌を納屋に戻す。
22 屋上に校旗が翻っている。
23 自分を卑しめるようなまねをする。
24 目貼りをして隙間風を防ぐ。
25 煙がしみて目が潤む。
26 鶴の模様が織り出してある。
27 新入生の初々しい姿が印象的だった。
28 長い間、胃腸を患っていた。
29 雪景色の野山を十七文字に詠む。
30 僅かな収入でやりくりする。

ウ 上の字が下の字を修飾しているもの（**洋画**）
エ 下の字が上の字の目的語・補語になっているもの（**着席**）
オ 上の字が下の字の意味を打ち消しているもの（**非常**）

次の熟語は右の**ア～オ**のどれにあたるか、**一つ**選び、**記号にマーク**せよ。

1 脚韻
2 多寡
3 汎論
4 未熟
5 違背

6 贈賄
7 糾弾
8 蔑視
9 採譜
10 隠顕

ケ（ 9 ）丁寧
コ（ 10 ）万里

問2 次の11～15の**意味**にあてはまるものを**問1**の**ア～コの四字熟語**から**一つ**選び、**記号にマーク**せよ。

(**10**)
2×5

11 事物をおおもとから改める。
12 ものごとのうつろいやまぬさま。
13 悪人などをまとめて捕らえること。
14 極めて大きな差異がある。
15 見てくればかりでものの役にたたないもの。

4

(五) 次の1〜5の**対義語**、6〜10の**類義語**を後の□の中から選び、**漢字**で記せ。□の中の語は一度だけ使うこと。 (20) 2×10

対義語

1 偉大
2 進出
3 巧遅
4 哀悼
5 崇拝

類義語

6 縁者
7 難点
8 心配
9 譲歩
10 荘重

けいが・けいぶ・けっかん
げんしゅく・しんせき・せっそく
だきょう・てったい・ぼんよう
ゆうりょ

(七) 次の各文にまちがって使われている**同じ読みの漢字**が**一字**ある。**上に誤字**を、**下に正しい漢字**を記せ。 (10) 2×5

1 約二十年前にバイク店で犯した折盗の罪を後悔し反省した犯人が謝罪の手紙と現金を店主に送った。

2 脊椎のゆがみを強正すると言われている水泳が体の変形や腰痛の誘因にもなるという外国の研究報告がある。

3 東西の二つの証券取引所が統合され、投資家の利勉性の向上とコストの大幅な削減が見込まれている。

4 老朽化した消火器が破裂し、その破片で頭蓋骨を骨折した男性が製造元に一億円の損害賠傷を請求した。

5 県の食品加工研究所が乳酸菌を添加した梅酒の製造に成功し、地場産業振興の一序となることが期待される。

(八) 次の――線の**カタカナ**を**漢字一字**と**送りがな(ひらがな)**に直せ。 (10) 2×5

〈例〉 問題に**コタエル**。 答える

6 **シッソウ**して生死がわからない。
7 優れた選手の入団を**カツボウ**する。
8 **キョウキン**を開いて語り合った。
9 ご来場くだされば**コウジン**です。
10 追徴金の支払いを**トクソク**される。
11 知識の広さでは**ヒケン**する者がない。
12 商売のこつを**エトク**する。
13 災害の犠牲者の**クヨウ**をする。
14 村人を苦しめる鬼を**コ**らす。
15 **シブガキ**の皮をむいて軒につるす。

(六) 次の――線のカタカナを漢字に直せ。 (20) 2×10

1 **キュウヨ**が銀行に振り込まれた。
2 **キュウヨ**の一策で命拾いした。
3 円熟の技を**ヒロウ**した。
4 選手たちに**ヒロウ**の色が濃い。
5 月三回発行の**ジュンカン**誌が届く。
6 市内を**ジュンカン**するバスに乗る。
7 警察の**ソウサ**の手が伸びる。
8 遠隔**ソウサ**で機械を動かす。
9 潮の**カ**が漂ってくる。
10 **カ**が伝染病を媒介する。

1 **ナメラカナ**口調で話す。
2 今更**アワテ**ても仕方がない。
3 怠慢のそしりを**マヌカレ**ない。
4 額から汗が**シタタル**。
5 正面から強敵に**イドン**だ。

(九) 次の――線のカタカナを漢字に直せ。 (50) 2×25

1 **キンチャク**に小銭や常備薬を入れる。
2 **ボンノウ**の断ち難さを思い知る。
3 和やかな**フンイキ**のうちに閉会した。
4 ビタミン豊富な**カジュウ**を飲む。
5 **チョウメイ**な湖面に舟を浮かべる。

16 通学路に**シモバシラ**が立っていた。
17 遊覧船で**ミサキ**を巡る。
18 **ウ**えに苦しむ人々を救う。
19 美しい旋律を**カナ**でる。
20 真相は闇に**ホウム**られた。
21 **イ**まわしい過去がよみがえる。
22 山中で**シカ**の群れを目撃した。
23 **ナマツバ**をのみこむ。
24 沈黙は金、**ユウベン**は銀。
25 **ホコ**を交える。

▼解答は別冊8・9ページ

㈠ 次の――線の**漢字の読み**を**ひらがな**で記せ。 (30) 1×30

1 うかうかと挑発に乗ってしまった。
2 学生に探究の精神を鼓吹する。
3 悲劇的な最期を遂げた。
4 戸籍抄本の提出を求められた。
5 熱心にお参りしたご利益があった。
6 金山のある島を幕府が直轄する。
7 昔日の思い出にふける。
8 至って愚昧な皇帝だった。
9 当局の無責任な対応を糾弾する。
10 偶像の崇拝は教義に背反した。
11 煎茶はカテキンの含有量が多い。
12 完璧を期して何度も手を入れる。
13 庭の一角に茶室を普請する。
14 診断結果は良性の腫瘍だった。

㈡ 次の漢字の**部首**を記せ。 (10) 1×10

〈例〉 菜 ［艹］ 間 ［門］

1 虎
2 閥
3 旋
4 吏
5 彰
6 幾
7 升
8 奈
9 革
10 凸

㈢ **熟語の構成**のしかたには次のようなものがある。 (20) 2×10

ア 同じような意味の漢字を重ねたもの （**岩石**）
イ 反対または対応の意味を表す字を重ねたもの （**高低**）

㈣ 次の**四字熟語**について、**問1**と**問2**に答えよ。 (30)

問1 次の**四字熟語**の（1～10）に入る適切な語を下の［ ］の中から選び、**漢字二字**で記せ。 (20) 2×10

ア 天下（1）
イ 内疎（2）
ウ 面目（3）
エ 自暴（4）
オ 率先（5）
カ （6）百出
キ （7）万象
ク （8）来復

いちよう
がいしん
ごめん
じき
しんら
すいはん
ちょうぼう
はたん
やくじょ
ゆうしん

15 群青をたたえた海にこぎ出す。

16 山麓の村里で宿を求める。

17 側溝にたまった泥をさらう。

18 カンガルーは有袋類に属する。

19 侮辱罪で訴えられる虞がある。

20 名人位獲得の誓願を立てる。

21 暗がりで鍵穴を手探りする。

22 繭から生糸を紡ぐ。

23 名優の早すぎる死を悼む。

24 霜柱を踏んであぜ道を歩く。

25 宵の口から床に就く。

26 麗しい歌声が聞こえてくる。

27 睡眠不足が体に障る。

28 思い決して危険な賭けに出る。

29 ホースの筒先から勢いよく水が出た。

30 目が涙で潤んでいる。

ウ 上の字が下の字を修飾しているもの　（**洋画**）

エ 下の字が上の字の目的語・補語になっているもの　（**着席**）

オ 上の字が下の字の意味を打ち消しているもの　（**非常**）

次の熟語は右の**ア～オ**のどれにあたるか、**一つ**選び、**記号にマーク**せよ。

1 不遜

2 毀誉

3 漆器

4 叙勲

5 疲弊

6 孤塁

7 懐古

8 嫌忌

9 贈答

10 享受

ケ （9）絶佳

コ （10）勃勃

問2 次の11～15の**意味**にあてはまるものを**問1**の**ア～コの四字熟語**から**一つ**選び、**記号にマーク**せよ。 **(10)** 2×5

11 悪いことが続いたあと事態が好転する。

12 公然と許されること。

13 気持ちと裏腹に近しく振る舞う。

14 次々とぐあいの悪いところが明らかになること。

15 まず己が手本を示す。

(五) 次の1〜5の**対義語**、6〜10の**類義語**を後の□の中から選び、**漢字**で記せ。□の中の語は一度だけ使うこと。 (20) 2×10

対義語

1 密集
2 高慢
3 隆起
4 汚濁
5 枯渇

類義語

6 人相
7 貧困
8 回復
9 仲介
10 祝福

かんぼつ・きゅうぼう・けいが
けんきょ・せいちょう・ちゆ
てんざい・ばいかい・ゆうしゅつ
ようぼう

(七) 次の各文にまちがって使われている**同じ読みの漢字**が**一字**ある。**上に誤字**を、**下に正しい漢字**を記せ。 (10) 2×5

1 地方銀行の経営環境が厳しさを増し、統合や合併に加え、大商圏の都市に進出する傾向が堅著になっている。

2 年少の運動選手によくみられる膝や肘の剝離骨折は、痛みが軽いことから粘挫や打撲と間違われやすい。

3 レースの序番から他の選手を寄せつけない力泳で日本記録を更新し四回目の栄えある五輪代表に選出された。

4 遭難者の踪索中に救助隊が熊と遭遇することを想定して、猟友会と山岳警備隊の合同訓練が実施された。

5 矯正施設の収監者が一週間後に迫る釈放を待ち切れずに脱走し、半日後にあえなく身柄を綱束された。

(八) 次の——線の**カタカナ**を**漢字一字**と**送りがな(ひらがな)**に直せ。 (10) 2×5

〈例〉 問題に**コタエル**。 答える

6 重篤な**シッペイ**に苦しむ。

7 電球型の**ケイコウ**灯に取り替えた。

8 収入から必要経費を**コウジョ**する。

9 **コショウ**の水質保全に努める。

10 ご返事いただければ**コウジン**です。

11 厳格な父の**クントウ**の下に成長した。

12 検査の前に目薬で**ドウコウ**を広げる。

13 出撃前の**カンテイ**が停泊している。

14 赤い**アマグツ**を履いて出かける。

15 旅費は積立金で**マカナ**われる。

(六) 次の――線のカタカナを漢字に直せ。 (20) 2×10

1 松のボンサイを手入れする。
2 ボンサイには到底考えつかない。
3 音楽カンショウを趣味にする。
4 退職カンショウを受け入れる。
5 大企業のサンカに入る。
6 戦争のサンカに見舞われる。
7 景気フヨウ策を講じる。
8 未成年の子供をフヨウする。
9 蛇口から水がモる。
10 うずたかく土をモる。

1 敵にアヤシマれないようにする。
2 大臣の一言が物議をカモシた。
3 目元のスズシイ娘であった。
4 人混みにマギレて逃げる。
5 常勝チームの十連覇をハバム。

(九) 次の――線のカタカナを漢字に直せ。 (50) 2×25

1 武力で隣国をイカクする。
2 宴席で乾杯のオンドをとる。
3 メジャーでキョウイを測る。
4 会社の金の使途をキツモンされた。
5 保存用の瓶をシャフツ消毒する。

16 ヒトキワ目立つ華やかな装いをする。
17 驚くほどおいしいシルコだった。
18 トリカゴでインコを飼う。
19 天候が急変してアラシになった。
20 年の割にフけて見える。
21 下手なサルシバイにうんざりした。
22 どういうわけかザコばかり釣れる。
23 暑さ寒さもヒガンまで。
24 眉にツバをつける。
25 過ぎたるはなおオヨばざるがごとし。

▼解答は別冊10・11ページ

（一） 次の――線の**漢字の読み**を**ひらがな**で記せ。 (30) 1×30

1 先輩の薫陶によるところが大である。
2 沖天の意気で試合に臨む。
3 ようやく日頃の鬱憤を晴らした。
4 あっさり肯定されて拍子抜けした。
5 市井の声を政治に反映させる。
6 欠席した理由を詰問された。
7 どこまでも緑の沃土が広がる。
8 時代の奔流に押し流される。
9 柵を乗り越えて賊が侵入した。
10 衆寡敵せず潰走した。
11 総裁選出馬への布石を打つ。
12 ごまを圧搾して油を採る。
13 署員を督励して防犯に努める。
14 巾着から小銭を取り出す。

（二） 次の漢字の**部首**を記せ。 (10) 1×10

〈例〉 菜 ［艹］ 間 ［門］

1 寧
2 戴
3 循
4 頻
5 兆
6 艶
7 准
8 戾
9 骨
10 者

（三） **熟語の構成**のしかたには次のようなものがある。 (20) 2×10

ア 同じような意味の漢字を重ねたもの （**岩石**）
イ 反対または対応の意味を表す字を重ねたもの （**高低**）

（四） 次の**四字熟語**について、**問1**と**問2**に答えよ。 (30)

問1 次の**四字熟語**の（1〜10）に入る適切な語を下の□の中から選び、**漢字二字**で記せ。 (20) 2×10

ア 正真（1）
イ 同工（2）
ウ 西方（3）
エ 新進（4）
オ 抑揚（5）
カ （6）充棟
キ （7）転変
ク （8）休題

いきょく
うい
かっさつ
かんぎゅう
かんわ
きえい
じょうど
しょうめい
とんざ
ねつがん

15 科学雑誌を毎月購読している。
16 海底ケーブルを敷設する。
17 幕府の瓦解は目前に迫っていた。
18 最終回のホームランで一矢を報いた。
19 声が怒気を帯びていた。
20 一向に風采が上がらない。
21 納戸から祖母の遺品が出てきた。
22 汚れを拭いて靴墨を塗る。
23 大きな花籠を両手で抱えている。
24 風にコートの裾が翻る。
25 バラの茎に虫がついている。
26 廃れていた祭りが復興した。
27 赤ん坊に産湯を使わせる。
28 畑の畝に肥料を施す。
29 包丁の刃を入念に研ぐ。
30 取引先の事情を酌んで措置する。

6

ウ 上の字が下の字を修飾しているもの　（**洋画**）
エ 下の字が上の字の目的語・補語になっているもの　（**着席**）
オ 上の字が下の字の意味を打ち消しているもの　（**非常**）

次の熟語は右の**ア〜オ**のどれにあたるか、**一つ**選び、**記号にマーク**せよ。

1 要塞
2 俊秀
3 無粋
4 向背
5 血痕
6 禍福
7 折衷
8 罷免
9 謹呈
10 享楽

ケ（9）自在
コ（10）冷諦

問2 次の11〜15の**意味**にあてはまるものを**問1**の**ア〜コ**の**四字熟語**から**一つ**選び、**記号にマーク**せよ。　**(10)** 2×5

11 この世の全てがうつろい続けること。
12 ことばの表現に変化を持たせること。
13 手法は一緒だが趣が違う。
14 他を思いのままに扱うこと。
15 蔵書が非常に多いこと。

(五) 次の1～5の**対義語**、6～10の**類義語**を後の□の中から選び、**漢字**で記せ。□の中の語は一度だけ使うこと。 (20) 2×10

対義語

1 潤沢
2 哀悼
3 固辞
4 尊敬
5 緩慢

類義語

6 寄与
7 歴史
8 猛者
9 湯船
10 留意

えんかく・かいだく・けいが
けいべつ・ごうけつ・こうけん
こかつ・じんそく・はいりょ
よくそう

(七) 次の各文にまちがって使われている**同じ読みの漢字**が**一字**ある。**上に誤字**を、**下に正しい漢字**を記せ。 (10) 2×5

1 神社の舞台で能楽師の演じる天女が優雅に舞い、境内を埋め尽くした見物客は憂玄の世界に誘い込まれた。

2 レーザー光による航空測量で道路が護盤の目のように整ったクメール王朝の幻の首都が密林内に見つかった。

3 高額の宝くじを当てた米国の無職女性が申告義務を怠り公的扶助を需給していたことがわかり論議を呼んだ。

4 道路脇の側溝にかぶせてあった金属の蓋が大量に消失し、警察は窃盗事件と見て操査している。

5 発酵したぬかみそで漬けた野菜はビタミンが豊富で、乳酸菌が腸を整えて免液力を高めるなどの効果もある。

(八) 次の――線の**カタカナ**を**漢字一字**と**送りがな(ひらがな)**に直せ。 (10) 2×5

〈例〉 問題に**コタエル**。 答える

6 王から過分の**ホウビ**を賜った。
7 山深い紅葉の**ケイコク**を散策する。
8 **キガ**に苦しむ人々がいる。
9 仏さまのご**リヤク**があった。
10 立ち合いの**セツナ**に勝敗は決した。
11 **カイキン**シャツで通学する。
12 涙ながらに**ジヒ**を乞う。
13 傷口が**エンショウ**を起こした。
14 剣や鏡を青銅で**イ**る。
15 第一印象は**カンバ**しくなかった。

(六) 次の――線のカタカナを漢字に直せ。 (20) 2×10

1 **コウテツ**のごとき意志を持っている。
2 不祥事で大臣が**コウテツ**された。

3 人名の表記の仕方は**カンヨウ**に従う。
4 部下に**カンヨウ**の精神で接する。

5 絶体絶命の**キュウチ**に立った。
6 社長とは**キュウチ**の仲だ。

7 会見の**ボウトウ**で謝罪する。
8 上場直後に株価が**ボウトウ**した。

9 チームでひとり気を**ハ**く。
10 新しいスニーカーを**ハ**く。

1 **ウヤウヤシイ**態度で出迎える。
2 軍部がクーデターを**クワダテ**ていた。
3 対戦相手の実力を**アナドラ**ない。
4 日照り続きで草花が**ナエル**。
5 波間に小舟が**タダヨウ**。

(九) 次の――線のカタカナを漢字に直せ。 (50) 2×25

1 結婚式に**シュヒン**として招待される。
2 戦没者の慰霊碑を**コンリュウ**する。
3 母屋の**フシン**がようやく終わった。
4 育ちざかりで食欲が**オウセイ**だ。
5 連合**カンタイ**が入港する。

16 **ソソノカ**されていたずらをする。
17 旅行中に**エガタ**い経験をした。
18 皮をむいた**カキ**をつるして干す。
19 **スズ**の澄んだ音色が聞こえる。
20 鳥の脚に釣り糸が**カラ**んでいる。
21 松の枝を見栄えよく**タ**める。
22 暗い空から**ヒサメ**が降ってきた。
23 鶴は千年、**カメ**は万年。
24 **フトコロ**が寒い。
25 **チュウゲン**耳に逆らう。

▼解答は別冊12・13ページ

（一） 次の――線の**漢字の読み**を**ひらがな**で記せ。 (30) 1×30

1 均斉のとれた体型をしている。
2 一刻の猶予もならない問題だ。
3 敵に和睦を申し入れる。
4 豊漁で港が活況を呈している。
5 台風が甚大な被害をもたらした。
6 総裁の地位が禅譲された。
7 今度ばかりはとても堪忍ならない。
8 自国の将来に危惧を感じる。
9 当時の史料を渉猟する。
10 季節によって繁閑の差が著しい。
11 古拙な味わいのある器だ。
12 滋味豊かな山の幸が食卓に並ぶ。
13 改良を重ねて肥沃な土壌に変えた。
14 国側は控訴する考えを明らかにした。

（二） 次の漢字の**部首**を記せ。 (10) 1×10

〈例〉 菜 [艹]　間 [門]

1 斬
2 矛
3 眉
4 軟
5 老
6 且
7 摩
8 彩
9 衡
10 呉

（三） **熟語の構成**のしかたには次のようなものがある。 (20) 2×10

ア 同じような意味の漢字を重ねたもの　（**岩石**）
イ 反対または対応の意味を表す字を重ねたもの　（**高低**）

（四） 次の**四字熟語**について、問1と問2に答えよ。 (30)

問1 次の**四字熟語**の（1～10）に入る適切な語を下の□の中から選び、**漢字二字**で記せ。 (20) 2×10

ア 優勝（1）
イ 羊質（2）
ウ 初志（3）
エ 同工（4）
オ 放歌（5）
カ （6）奮闘
キ （7）奪胎
ク （8）諾諾

いい
いきょく
かんこつ
かんてつ
こうぎん
こうげん
こぐん
こひ
ばつざん
れっぱい

15 寺の庫裏から出火した。
16 至って寡欲な人であった。
17 夜明けの空に下弦の月が見える。
18 紺青の海に白い航跡を描く。
19 本人の苦衷は察するに余りある。
20 炎暑で水源が枯渇する虞がある。
21 苦労して帳尻を合わせる。
22 手綱を締める頃合いを心得ている。
23 こっそりと辺りを嗅ぎ回っていた。
24 当選の暁には身を捨てて働きます。
25 僧が家々を回って施しを乞う。
26 女王の妖しい魅力にとらわれる。
27 職人の名人芸を目の当たりにする。
28 弟にいたずらを唆して叱られた。
29 懐かしい人から手紙が来た。
30 庭の築山の造作に工夫を凝らす。

ウ 上の字が下の字を修飾しているもの （**洋画**）
エ 下の字が上の字の目的語・補語になっているもの （**着席**）
オ 上の字が下の字の意味を打ち消しているもの （**非常**）

次の熟語は右の**ア〜オ**のどれにあたるか、**一つ**選び、**記号にマーク**せよ。

1 存廃
2 毀損
3 逓減
4 碑銘
5 彼我
6 貴賓
7 無謀
8 叙景
9 逸脱
10 収賄

ケ （9）蓋世
コ （10）令色

問2 次の11〜15の**意味**にあてはまるものを**問1**の**ア〜コ**の**四字熟語**から**一つ**選び、**記号にマーク**せよ。

(10) 2×5

11 人のいいなりになること。
12 思い立ったことを最後までやり通す。
13 見た目は違うが内容は似たり寄ったりであること。
14 ことばを飾り、表情を取り繕うこと。
15 立派な外見に内実が伴わない。

(五) 次の1～5の**対義語**、6～10の**類義語**を後の□の中から選び、**漢字**で記せ。□の中の語は一度だけ使うこと。 (20) 2×10

対義語

1 過激
2 汚濁
3 褒賞
4 真実
5 斬新

類義語

6 煩雑
7 絶壁
8 沈着
9 全治
10 貧困

おんけん・きゅうぼう・きょぎ
せいちょう・たいぜん・だんがい
ちょうばつ・ちんぷ・へいゆ
やっかい

(七) 次の各文にまちがって使われている**同じ読みの漢字**が**一字**ある。**上に誤字**を、**下に正しい漢字**を記せ。 (10) 2×5

1 干潟の水質浄化機能などを解明して市民の環境保全意識の向上に貢賢した大学の研究グループが顕彰された。
2 難解そうだと読む前から傾遠したり、途中で挫折しがちな近代文学の傑作を俳優の朗読で楽しむCDがある。
3 女性の自動車運転を認めないサウジアラビア王国で運転を解禁する直令が出て、女性の社会進出が進む。
4 クヌギやナラの葉を餌とする日本固有の野生種の蚕が作る繭からは、美しい光択の丈夫な生糸が紡がれる。
5 政府委託の調査機関が日本周辺の海底を従来よりも深く掘搾して銅や亜鉛などを豊富に含む鉱床を発見した。

(八) 次の――線の**カタカナ**を**漢字一字**と**送りがな(ひらがな)**に直せ。 (10) 2×5

〈例〉 問題に**コタエル**。 答える

6 長い眠りから**カクセイ**した。
7 金の**モウジャ**に成り下がっていた。
8 **ゲンシュク**な雰囲気に包まれる。
9 故人の**メイフク**を祈る。
10 巨大な**モンピ**が閉ざされている。
11 大統領への**エッケン**が許された。
12 **ルロウ**の果ての帰国だった。
13 チューリップを**ハチ**に植える。
14 **エリモト**にブローチを付ける。
15 **ヒトキワ**大柄な力士が登場した。

(六) 次の——線のカタカナを漢字に直せ。 (20) 2×10

1 **ケイコク**につり橋をかける。
2 審判から再三の**ケイコク**を受けた。

3 証人が**センセイ**書を朗読する。
4 **センセイ**攻撃を仕掛ける。

5 チームの打撃**フシン**が続く。
6 母屋の**フシン**が終わった。

7 野辺送りの**ソウレツ**に加わる。
8 **ソウレツ**な最期を遂げた。

9 小説の**サワ**りを読んで聞かせる。
10 当たり**サワ**りのない話に終始した。

1 世の風潮を**ナゲカワシク**思う。
2 校旗を**カカゲ**て入場する。
3 栄養が**カタヨラ**ないようにする。
4 母校の名を**ハズカシメル**結果になる。
5 大きな荷物を**カツグ**。

(九) 次の——線のカタカナを漢字に直せ。 (50) 2×25

1 村の伝統行事の**ユイショ**を尋ねる。
2 犯人に**ゾウオ**の念を抱く。
3 強豪校を**フンサイ**して勢いに乗る。
4 川が氾濫して土砂が**タイセキ**した。
5 標本を**チュウシュツ**して分類する。

16 公務に私情を**ハサ**まない。
17 学界の定説が**クツガエ**った。
18 すべて**オオ**せの通りにいたします。
19 白菜を**シオヅ**けにする。
20 恥ずかしさで顔が**ホテ**った。
21 旅先で**ネンゴ**ろにもてなされた。
22 宮司が**ノリト**をあげる。
23 **カゴ**で水をくむ。
24 舌の根の**カワ**かぬうち。
25 背水の**ジン**を敷く。

▼解答は別冊14・15ページ

7

㈠ 次の――線の**漢字の読み**を**ひらがな**で記せ。 (30) 1×30

1 料理の材料を吟味する。
2 巧緻な工芸品を嘆賞する。
3 もはや落城は旦夕に迫っていた。
4 天から賦与された才能が開花する。
5 カニの甲殻はカルシウムに富む。
6 岩礁が島の近くに見え隠れする。
7 街路に沿ってケヤキを植栽する。
8 嫌悪の気持ちをあらわにする。
9 両岸に狭小な河岸段丘が見られる。
10 もれなく粗品を進呈します。
11 芸の秘奥を究めた名人である。
12 対立候補を僅少の差で破った。
13 ビニールハウスでナスの育苗をする。
14 鉄砲に弾薬を充填する。

㈡ 次の漢字の**部首**を記せ。 (10) 1×10

〈例〉 菜 〔艹〕 間 〔門〕

1 酌
2 亀
3 恭
4 朴
5 顎

6 威
7 髪
8 赴
9 丙
10 喪

㈢ **熟語の構成**のしかたには次のようなものがある。 (20) 2×10

ア 同じような意味の漢字を重ねたもの （**岩石**）
イ 反対または対応の意味を表す字を重ねたもの （**高低**）

㈣ 次の**四字熟語**について、問1と問2に答えよ。 (30)

問1 次の**四字熟語**の（1～10）に入る適切な語を下の□の中から選び、**漢字二字**で記せ。 (20) 2×10

ア 朝三（1）
イ 良風（2）
ウ 大願（3）
エ 小心（4）
オ 怨親（5）
カ （6）夢死
キ （7）変化
ク （8）奪胎

かんこつ
しゅち
じょうじゅ
すいせい
せいれん
びぞく
びょうどう
ぼし
ようかい
よくよく

15 因循な対応を繰り返す。
16 十年かけて負債を償却した。
17 米の輸入が逓増する傾向にある。
18 竜巻が激甚な被害を及ぼした。
19 優勝力士に賜杯が授与された。
20 粉砕した岩石を道に敷く。
21 憂さ晴らしにカラオケで歌う。
22 正々堂々と正面から挑む。
23 独自の視点から世相を斬る。
24 梅の花の匂いに誘われて散歩する。
25 ピカソの名画を競り落とす。
26 子供を授かり氏神にお礼参りする。
27 いざとなると度胸が据わった。
28 背中に手術の痕がある。
29 愁いを含んだ顔が今も目に浮かぶ。
30 祭りの山車が町内を練る。

ウ 上の字が下の字を修飾しているもの （**洋画**）
エ 下の字が上の字の目的語・補語になっているもの （**着席**）
オ 上の字が下の字の意味を打ち消しているもの （**非常**）

次の熟語は右の**ア～オ**のどれにあたるか、**一つ**選び、**記号にマーク**せよ。

1 疾患
2 出納
3 叙勲
4 遡行
5 失踪

6 不惑
7 繁閑
8 報酬
9 禍福
10 覇権

ケ （ 9 ）肉林
コ （ 10 ）潔白

問2 次の11～15の**意味**にあてはまるものを**問1**の**ア～コの四字熟語**から**一つ**選び、**記号にマーク**せよ。 (**10**) 2×5

11 ぜいたくの限りを尽くした宴。
12 有意義なことをしないまま一生を終える。
13 先人の作をまねながら新しい工夫を加えること。
14 私欲にとらわれず、不正とは無縁であること。
15 びくびくしているさま。

8

(五) 次の1～5の**対義語**、6～10の**類義語**を後の□の中から選び、**漢字**で記せ。□の中の語は一度だけ使うこと。 (20) 2×10

対義語

1 多弁
2 発病
3 賢明
4 威圧
5 名誉

類義語

6 残念
7 順次
8 処罰
9 省略
10 指揮

あんぐ・いかん・かいじゅう
かつあい・かもく・さいはい
ちくじ・ちじょく・ちゆ
ちょうかい

(七) 次の各文にまちがって使われている**同じ読みの漢字**が**一字**ある。**上に誤字**を、**下に正しい漢字**を記せ。 (10) 2×5

1 雪山で遭難したグループは雪洞を掘って寒気を防ぎ、熟垂しないよう励まし合って救援隊の到着を待った。
2 浄瑠璃の一派で、哀調を帯びた語り口が特徴の新内節を江戸中期に興した人物の憲彰碑が出生の地にある。
3 西アフリカ沖で高速艇を操る海賊に漁船が乗っ取られ、乗組員三人が身の代金目的で羅致された。
4 紙幣の擬造が横行するインドで、業を煮やした政府が抜き打ちで新紙幣への切り替えを実施した。
5 市内の中学校で卒業生の不要になった制服を再利用し、その生地の繊依から作られた筆箱が後輩に贈られた。

(八) 次の——線の**カタカナ**を**漢字一字**と**送りがな(ひらがな)**に直せ。 (10) 2×5

〈例〉 問題に**コタエル**。 答える

6 履歴書の学歴が**サショウ**されていた。
7 田畑が**デイリュウ**に飲み込まれた。
8 冬の浜辺は**コウリョウ**としていた。
9 申込書に記名して**オウイン**する。
10 収賄の疑惑が**フッショク**された。
11 失敗の責任を他人に**テンカ**する。
12 思い立って古都の**メイサツ**を訪ねる。
13 せめて**イッシ**を報いたい。
14 母のいつもの**クチグセ**が出た。
15 **ミジ**めな敗北を喫した。

(六) 次の――線のカタカナを漢字に直せ。 (20) 2×10

1 周囲から**ケイブ**の目で見られる。
2 ベテランの**ケイブ**が事件を解決した。

3 試合前に国歌が**スイソウ**された。
4 **スイソウ**で熱帯魚を飼っている。

5 ご**ソウケン**の由、何よりに存じます。
6 会社の将来を**ソウケン**に担う。

7 事の**トウヒ**を問う。
8 苦しい現実から**トウヒ**する。

9 包丁の**ハ**が欠けた。
10 山の**ハ**に月が懸かる。

1 司会者に**ウナガサ**れて立ち上がる。
2 ごみ捨て場がとても**クサカッ**た。
3 友好関係を**ソコナウ**結果になった。
4 炭鉱が閉山して町が**スタレ**た。
5 台風の勢いが依然**オトロエ**ない。

(九) 次の――線のカタカナを漢字に直せ。 (50) 2×25

1 夜店で買った**マンゲキョウ**をのぞく。
2 眼前の光景に**センリツ**が走った。
3 竹を**コウシ**に組んだ垣を巡らす。
4 またとない人生の**ハンリョ**を得た。
5 災害時に住民が**キンミツ**に連携する。

16 長年**ツチカ**ってきた技を披露する。
17 絵を売って生活の**カテ**を得る。
18 **シモバシラ**を踏む音がする。
19 電車のドアに服の裾を**ハサ**まれた。
20 二人の間の**ミゾ**を埋める。
21 友の裏切りに腹の底から**イキドオ**る。
22 子猫がまりと**タワム**れている。
23 **キュウ**すれば通ず。
24 春眠**アカツキ**を覚えず。
25 **キジョウ**の空論にすぎない。

▼解答は別冊16・17ページ

8

（一） 次の――線の**漢字の読み**を**ひらがな**で記せ。 (30) 1×30

1 衆生の救済を誓願する。
2 大資本の傘下に入る。
3 迷信が世間に流布していた。
4 たちまち敵の牙城に迫った。
5 新しい勢力の勃興が著しい。
6 二社の技術力には雲泥の差がある。
7 骸骨のようにやせ細っている。
8 支持する政党に献金する。
9 電車の軌道を新たに敷設する。
10 振り返って艶然とほほえむ。
11 週刊誌に俳優の醜聞が載った。
12 唯美主義的な絵画を愛好する。
13 疑問のある箇所に付箋を貼る。
14 花壇に季節の花を植栽する。

（二） 次の漢字の**部首**を記せ。 (10) 1×10

〈例〉 菜 ［艹］ 間 ［門］

1 顕
2 尼
3 魂
4 薫
5 更
6 甚
7 辣
8 塞
9 舞
10 傑

（三） **熟語の構成**のしかたには次のようなものがある。 (20) 2×10

ア 同じような意味の漢字を重ねたもの （**岩石**）
イ 反対または対応の意味を表す字を重ねたもの （**高低**）

（四） 次の**四字熟語**について、**問1**と**問2**に答えよ。 (30)

問1 次の**四字熟語**の（1～10）に入る適切な語を下の［ ］の中から選び、**漢字二字**で記せ。 (20) 2×10

ア 当意（1）
イ 外柔（2）
ウ 故事（3）
エ 進取（4）
オ 玩物（5）
カ （6）存亡
キ （7）行賞
ク （8）百出

かかん
ききゅう
きしょく
そうし
そくみょう
とうほん
ないごう
はたん
らいれき
ろんこう

15 殺人を教唆した罪で起訴された。

16 猫が塀を駆け上がる。

17 卵巣に腫瘍が見つかった。

18 村のここかしこに廃屋がある。

19 定年後も嘱託職員として勤める。

20 祖父に拳法の手ほどきを受けた。

21 唐突の感は否めない。

22 天涯孤独の身を愁える。

23 武道で精神力が培われた。

24 神をも畏れぬ学説と決めつけられた。

25 リンゴの接ぎ木をする。

26 泉のほとりで旅人が憩う。

27 彼の謡は年季が入っている。

28 バラの花で卓上を彩る。

29 人垣をかきわけて前に出る。

30 丁寧に諭して聞かせる。

ウ　上の字が下の字を修飾しているもの　（洋画）

エ　下の字が上の字の目的語・補語になっているもの　（着席）

オ　上の字が下の字の意味を打ち消しているもの　（非常）

次の熟語は右の**ア～オ**のどれにあたるか、**一つ**選び、**記号にマーク**せよ。

1 親疎

2 尚早

3 不肖

4 披露

5 向背

6 戴冠

7 貴賓

8 核心

9 随意

10 窮地

ケ　（9）満面

コ　（10）西走

問2　次の11～15の**意味**にあてはまるものを**問1**の**ア～コの四字熟語**から**一つ**選び、**記号にマーク**せよ。

(10) 2×5

11 生死の分かれ目。

12 次から次に矛盾や欠点が現れること。

13 機転を利かせてその場にあった対応をする。

14 手柄の大小に応じて報いる。

15 無用なものにうつつをぬかし、肝心要の目標が立ち消えになる。

(五) 次の1〜5の**対義語**、6〜10の**類義語**を後の□の中から選び、**漢字**で記せ。□の中の語は一度だけ使うこと。 (20) 2×10

対義語

1 潤沢
2 明瞭
3 偉大
4 圧勝
5 覚醒

類義語

6 絶壁
7 抜粋
8 残念
9 永遠
10 激怒

あいまい・いかん・こかつ
さいみん・ざんぱい・しょうろく
だんがい・ふんがい・ぼんよう
ゆうきゅう

(七) 次の各文にまちがって使われている**同じ読みの漢字**が**一字**ある。**上に誤字**を、**下に正しい漢字**を記せ。 (10) 2×5

1 国産の量子コンピューターが開発され試作機の利用サービスが企業や研究機関に無賞で提供された。

2 中国で太古の昆虫の化石が出土し、その体型的特徴から恐竜などに寄生していたと垂測されている。

3 家族以外の第三者が住民票の写しや戸籍投本を請求した場合、本人にその旨を通知する自治体が増えている。

4 沖縄本島沖の深海の海底鉱礁で亜鉛や銀、金などの埋蔵が確認されて大規模な採掘が始まった。

5 米国で、捜査中の警官が犯人の発放を受けたが、銃弾が警察バッジに命中したため命拾いした。

(八) 次の――線の**カタカナ**を**漢字一字**と**送りがな(ひらがな)**に直せ。 (10) 2×5

〈例〉 問題に**コタエル**。 答える

6 **テッビン**の湯の沸く音がする。

7 激しい**ケンオ**感を覚える。

8 神社仏閣に**サンケイ**する。

9 厚いカーテンで**シャコウ**する。

10 ひいきの役者に**シュウギ**をはずむ。

11 剣の奥義を**エトク**する。

12 土壌に合った**シュビョウ**を仕入れる。

13 牛乳に**ハチミツ**を入れて飲む。

14 松の枝を針金で**タ**めて整える。

15 大声で歌って**ウ**さを晴らす。

（六）次の――線のカタカナを漢字に直せ。 (20) 2×10

1 王妃がめでたく**カイニン**した。
2 スパイ活動をした大使を**カイニン**する。
3 関節が**エンショウ**を起こす。
4 山火事の**エンショウ**を食い止めた。
5 市長選挙が**コクジ**された。
6 二つの筆跡が**コクジ**している。
7 風邪薬の**ジョウザイ**を服用する。
8 **ジョウザイ**を募って本堂を再建する。
9 人々を苦しめる鬼を**コ**らす。
10 家具の配置に工夫を**コ**らす。

1 口にするのも**ケガラワシイ**。
2 まだ夢を**アキラメル**つもりはない。
3 落石で進路を**サマタゲ**られた。
4 骨身を**オシマ**ず働いた。
5 翌日になって前言を**ヒルガエシ**た。

（九）次の――線のカタカナを漢字に直せ。 (50) 2×25

1 事件の**カチュウ**に巻き込まれる。
2 日照り続きで水田に**キレツ**が生じた。
3 目が**ジュウケツ**している。
4 **ジンゾウ**が機能不全に陥った。
5 コアラは**ユウタイルイ**に属する。

16 愛用の弓に**ツル**を張る。
17 平和な日々を**ホッ**する。
18 **カマモト**で陶器を購入する。
19 名物料理に**シタツヅミ**を打つ。
20 **カ**が伝染病を媒介する。
21 恋人への思いに胸を**コ**がす。
22 衣料品を**オロシネ**で売っていた。
23 **エン**は異なもの味なもの。
24 **カセ**ぐに追いつく貧乏なし。
25 法廷で**コクビャク**を争う。

▼解答は別冊18・19ページ

㈠ 次の――線の**漢字の読み**を**ひらがな**で記せ。 (30) 1×30

1 真摯な態度に好感を抱く。
2 靴底が摩滅してきた。
3 大衆の趣味に迎合している。
4 妖艶な花の姿に魅せられる。
5 山麓の湧き水を手にむすぶ。
6 引用文を括弧でくくる。
7 崇高な理想を掲げる。
8 故人の霊前で弔辞を読む。
9 駄文を書き連ねた非礼をわびる。
10 秀逸な作品が少なくなかった。
11 土俵上で力強く四股を踏む。
12 川底に大量の汚泥が堆積していた。
13 水槽でメダカを飼う。
14 あれほど狭量な人とは知らなかった。

㈡ 次の漢字の**部首**を記せ。 (10) 1×10

〈例〉 菜 〔艹〕 間 〔門〕

1 奔
2 軟
3 毀
4 須
5 爵
6 耗
7 武
8 斉
9 囚
10 直

㈢ **熟語の構成**のしかたには次のようなものがある。 (20) 2×10

ア 同じような意味の漢字を重ねたもの （**岩石**）
イ 反対または対応の意味を表す字を重ねたもの （**高低**）

㈣ 次の**四字熟語**について、**問1**と**問2**に答えよ。 (30)

問1 次の**四字熟語**の（1〜10）に入る適切な語を下の□の中から選び、**漢字二字**で記せ。 (20) 2×10

ア 国士（1）
イ 時期（2）
ウ 生生（3）
エ 籠鳥（4）
オ 大言（5）
カ （6）奇抜
キ （7）衝天
ク （8）北馬

けいせい
ざんしん
しゅち
しょうそう
そうご
どはつ
なんせん
むそう
るてん
れんうん

15 登るにつれて空は澄明の度を加えた。
16 愛猫を膝に抱いて座る。
17 断崖に行く手を阻まれた。
18 組織の枢要な地位を占めている。
19 壇上で暴漢が凶刃を振るった。
20 試合中に肘を脱臼した。
21 当代屈指の歌詠みに数えられる。
22 鈴の鳴る音が近づいてくる。
23 他社の成功例に倣って改革を進める。
24 口角泡を飛ばして議論する。
25 嫉妬で顔が醜くゆがんだ。
26 恩師に宛てて手紙を書いた。
27 母校の名を辱めないよう頑張る。
28 憂さ晴らしに海岸をドライブする。
29 しょうゆを醸す蔵が並ぶ。
30 漆塗りの箸を常用する。

ウ 上の字が下の字を修飾しているもの（**洋画**）
エ 下の字が上の字の目的語・補語になっているもの（**着席**）
オ 上の字が下の字の意味を打ち消しているもの（**非常**）

次の熟語は右の**ア～オ**のどれにあたるか、**一つ**選び、**記号にマーク**せよ。

1 放逐
2 諭旨
3 沃土
4 争覇
5 不穏

6 寛厳
7 懇請
8 謙遜
9 殉難
10 及落

ケ （9）済民
コ （10）肉林

問2 次の11～15の**意味**にあてはまるものを**問1**の**ア～コの四字熟語**から**一つ**選び、**記号にマーク**せよ。 **(10)** 2×5

11 二人といない優れた人物。
12 束縛された者が自由な身をうらやむたとえ。
13 ぜいたくの限りを尽くした宴会。
14 万物が変化し続けること。
15 絶えず方々に旅行すること。

(五)

次の1～5の**対義語**、6～10の**類義語**を後の□の中から選び、**漢字**で記せ。□の中の語は一度だけ使うこと。

(20) 2×10

対義語

1 極端

2 設置

3 事実

4 威圧

5 激賞

類義語

6 互角

7 是認

8 反逆

9 不備

10 傾斜

かいじゅう・きょこう・けっかん こうてい・こうばい・ちゅうよう てっきょ・はくちゅう・ばとう むほん

(七)

次の各文にまちがって使われている**同じ読みの漢字**が**一字**ある。**上に誤字**を、**下に正しい漢字**を記せ。

(10) 2×5

1 梅干しは唾液の分泌を促進して消化吸収を良くするとともに疲労回復や拘菌にも効果があるとされる。

2 子供の頃の受動喫煙によって、成人してから心失患にかかるリスクが高まるという調査結果が発表された。

3 樹木の生育が悪く土条に保水力がないチリの乾燥地帯で記録的大雨によりかれ川が氾濫し住宅地が冠水した。

4 長期滞納者の目立つ市税の徴収率を上げるため、自治体が民間事業者の協力を得て市民に納付を徳励する。

5 勝つことよりも楽しむことを主眼とする運動部のあり方を模策する実践的研究を文部科学省が推進した。

(八)

次の――線の**カタカナ**を**漢字一字**と**送りがな(ひらがな)**に直せ。

(10) 2×5

〈例〉 問題に**コタエル**。 答える

6 町並みに古都の**フゼイ**をとどめる。

7 周りから**ケイベツ**の目で見られた。

8 **ヒョウロウ**が残り僅かになった。

9 資本家が労働者から**サクシュ**する。

10 上司の**クントウ**のたまものである。

11 工場の排水管から**イシュウ**がする。

12 お茶を入れた**スイトウ**を持参する。

13 **ルリイロ**の羽の珍しいチョウを見た。

14 涼しげな**アサ**の夏服を着ている。

15 神前で**ウヤウヤ**しく頭を下げた。

(六) 次の——線のカタカナを漢字に直せ。 (20) 2×10

1 徐々に氷河が**ユウカイ**する。
2 富豪の令嬢が**ユウカイ**された。
3 職業の**センタク**に悩む。
4 久しぶりの**センタク**日和になった。
5 ご出席頂ければ**ボウガイ**の幸せです。
6 安眠を**ボウガイ**された。
7 上代の**フンキュウ**墓を発掘する。
8 国会の**フンキュウ**が予想される。
9 **オ**根伝いに下山する。
10 げたの鼻**オ**をすげ替える。
1 **アセラ**ずにじっくり考える。
2 牛乳が**スッパク**なっている。
3 濃い霧が視界を**サエギッ**た。
4 **アキル**ことなく稽古を続ける。
5 病床にある友を**ナグサメル**。
(九) 次の——線のカタカナを漢字に直せ。 (50) 2×25

1 野菜の価格が**キュウトウ**した。
2 名人が挑戦者に**ザンパイ**を喫した。
3 **ヨジョウ**物資の放出を求める。
4 喉の**エンショウ**を抑える薬を飲む。
5 仏道に**キエ**して諸国を行脚する。
16 鬼が**コラ**しめられる昔話を読んだ。
17 対戦相手を**アナド**ってはならない。
18 販売価格の七掛けで**オロ**す。
19 古美術の**メキ**きをしてもらう。
20 叔父の家に**イソウロウ**している。
21 捕虜を**シイタ**げることを禁ずる。
22 **ナベ**に蓋をしてしばらく煮る。
23 **アオ**いで天にはじず。
24 ひょうたんから**コマ**。
25 **タイコバン**を押す。

▼解答は別冊20・21ページ

10

（一） 次の――線の**漢字の読み**を**ひらがな**で記せ。 (30) 1×30

1 繊細な神経のピアニストだった。
2 論文に図表を挿入した。
3 暁天が白む頃に出立する。
4 千三百年の星霜を経た堂塔だ。
5 斬新な演出に目を見張る。
6 まずまずの釣果だった。
7 群青の空を見上げる。
8 人生の哀歓がつづられている。
9 小川の流れが渦紋を描く。
10 勅願によって寺が建立された。
11 何とも滑稽な話を聞いた。
12 赦免を告げる知らせが届いた。
13 半袖の開襟シャツで通学する。
14 壮図むなしく失敗に終わった。

（二） 次の漢字の**部首**を記せ。 (10) 1×10

〈例〉 菜 ［艹］ 間 ［門］

1 羞
2 執
3 再
4 頻
5 泰
6 凸
7 般
8 罷
9 巾
10 劾

（三） **熟語の構成**のしかたには次のようなものがある。 (20) 2×10

ア 同じような意味の漢字を重ねたもの （**岩石**）
イ 反対または対応の意味を表す字を重ねたもの （**高低**）

（四） 次の**四字熟語**について、**問1**と**問2**に答えよ。 (30)

問1 次の**四字熟語**の（1～10）に入る適切な語を下の□の中から選び、**漢字二字**で記せ。 (20) 2×10

ア 外柔（1）
イ 羊質（2）
ウ 錦衣（3）
エ 延命（4）
オ 盛者（5）
カ （6）実直
キ （7）自重
ク （8）大悲

いんにん
かんぎゅう
ぎょくしょく
きんげん
きんじょう
こひ
そくさい
だいじ
ないごう
ひっすい

15 権力闘争に敗れて党から放逐された。
16 四肢に力がみなぎってくる。
17 是非拙宅にお立ち寄りください。
18 指先で鍵盤をたたく。
19 享楽の日々を送っていた。
20 優勝した大関に賜杯が授与された。
21 木に竹を接いだような話だ。
22 庭先に石臼を据えて餅をつく。
23 よそ者を疎んじる風がある。
24 いくら捜しても見つからなかった。
25 これまで肩肘張って生きてきた。
26 騒ぎが鎮まる気配はなかった。
27 暗闇を切り裂いて稲妻が走った。
28 籠の鳥同然の生活を送る。
29 ドアにメモが挟まっていた。
30 庭の築山の松をめでる。

ウ 上の字が下の字を修飾しているもの　（**洋画**）
エ 下の字が上の字の目的語・補語になっているもの　（**着席**）
オ 上の字が下の字の意味を打ち消しているもの　（**非常**）

次の熟語は右の**ア〜オ**のどれにあたるか、**一つ**選び、**記号にマーク**せよ。

1 玩弄
2 長幼
3 殉教
4 明瞭
5 折衷

6 霊魂
7 無窮
8 奔流
9 繁閑
10 盲信

ケ （9）充棟
コ （10）湯池

問2 次の11〜15の**意味**にあてはまるものを**問1**の**ア〜コの四字熟語**から**一つ**選び、**記号にマーク**せよ。　(**10**) 2×5

11 ぜいたくな暮らし。
12 蔵書がとても多いこと。
13 見た目に中身が伴わないこと。
14 極めて守りの堅いことのたとえ。
15 ひたすら我慢して軽々しい振る舞いをしないこと。

(五) 次の1～5の**対義語**、6～10の**類義語**を後の□の中から選び、**漢字**で記せ。□の中の語は一度だけ使うこと。 (20) 2×10

対義語

1 寛大
2 粗略
3 褒賞
4 一括
5 挫折

類義語

6 工面
7 全治
8 序文
9 永眠
10 功名

かいゆ・かんてつ・きょうりょう
しゅくん・しょげん・たかい
ちょうばつ・ていねい・ねんしゅつ
ぶんかつ

(七) 次の各文にまちがって使われている**同じ読みの漢字**が**一字**ある。**上に誤字**を、**下に正しい漢字**を記せ。 (10) 2×5

1 全国高校野球大会百周年を記念し、打者や捕手の躍動感あふれる姿を刻んだ貨幣セットが製造販売された。

2 海に浮遊する微小なプラスチックごみによる汚染が日本近海に広がり、海洋生態系への影響が奇惧される。

3 濫獲による個体数減少に加え検液強化で輸入の困難な希少動物の精子と卵子を凍結保存する。

4 市議会の議長選挙で現金の提供を議員に持ちかけ贈賄罪に問われた前議長に執行融予付きの判決が下された。

5 ケシ栽培による麻薬ビジネスで潤沢な資金を蓄えた反政府武装集団が兵力を増強し大きな恐威となった。

(八) 次の——線の**カタカナ**を**漢字一字**と**送りがな(ひらがな)**に直せ。 (10) 2×5

〈例〉 問題に**コタエル**。 答える

6 **イッタン**口に出したら後に引けない。

7 観衆に華麗な演技を**ヒロウ**した。

8 新人歌手の**トウリュウモン**とされる。

9 **クンプウ**が青葉を吹き渡る。

10 責任を部下に**テンカ**する。

11 農耕に適した**ヒヨク**な土地だ。

12 **ロウニャク**男女に愛唱されている。

13 **ビョウソウ**摘出の手術をする。

14 ダイヤモンドの原石を**ミガ**く。

15 地元の米と水で酒を**カモ**す。

(六) 次の――線のカタカナを漢字に直せ。 (20) 2×10

1 焼き上がったトウキを窯から出す。
2 水害で野菜の価格がトウキした。

3 ご希望に添えずイカンに存じます。
4 業務を市から県にイカンする。

5 ユウキュウ休暇を取って旅に出る。
6 ユウキュウの太古に思いをはせる。

7 賃上げの要求をキョヒする。
8 キョヒを投じて企業を買収する。

9 浜にモが打ち上げられている。
10 国を挙げてモに服する。

1 これまでの自堕落をクイル。
2 一国をスベル立場にあった。
3 木陰のベンチでイコウ。
4 後輩たちからシタワれている。
5 周囲の差し出口をワズラワシク思う。

(九) 次の――線のカタカナを漢字に直せ。 (50) 2×25

1 ありがたくチョウダイする。
2 漢字を部首サクインで調べる。
3 願い事がジョウジュした。
4 枝葉末節にコウデイする。
5 テイサツ隊を出して敵情を探る。

16 上司に再考をウナガされた。
17 とんでもないアヤマちを犯した。
18 思わぬ伏兵に決勝進出をハバまれた。
19 冷たいワき水を両手でくむ。
20 縁起をカツいで店先に招き猫を置く。
21 ヒガタでムツゴロウが跳ねる。
22 蚕が糸を吐いてマユを作る。
23 スイホウに帰す。
24 横車をオす。
25 カッしても盗泉の水を飲まず。

▼解答は別冊22・23ページ

(一) 次の――線の**漢字の読み**を**ひらがな**で記せ。 (30) 1×30

1 昔日の栄光の再現を夢見る。
2 深く仏に帰依するようになった。
3 なけなしの預金を詐取された。
4 漢詩の韻を作法通りに整える。
5 強肩を買われて捕手に転向する。
6 一人暮らしの老人を扶助する。
7 ボラの卵巣でからすみを作る。
8 義援金を拐帯した職員が逮捕された。
9 徹宵して友と語り合った。
10 傑出したリーダーの出現を待ち望む。
11 原書と邦訳をつきあわせてみる。
12 街が碁盤の目のように区画される。
13 適宜休憩を取ることにした。
14 領主への謁見を許された。

(二) 次の漢字の**部首**を記せ。 (10) 1×10

〈例〉 菜 〔艹〕 間 〔門〕

1 頓
2 薫
3 爵
4 煩
5 凡
6 串
7 充
8 壱
9 死
10 剖

(三) **熟語の構成**のしかたには次のようなものがある。 (20) 2×10

ア 同じような意味の漢字を重ねたもの （**岩石**）
イ 反対または対応の意味を表す字を重ねたもの （**高低**）

(四) 次の**四字熟語**について、**問1**と**問2**に答えよ。 (30)

問1 次の**四字熟語**の（1～10）に入る適切な語を下の□の中から選び、**漢字二字**で記せ。 (20) 2×10

ア 快刀（1）
イ 高論（2）
ウ 粒粒（3）
エ 天衣（4）
オ 群雄（5）
カ （6）秩序
キ （7）円蓋
ク （8）自在

あんねい	かっきょ	かっさつ	かんこつ	ざんしん	しんく	たくせつ	ほうてい	むほう	らんま

15 運命に愚弄されているようだった。

16 いやが上にも怨念が募った。

17 払暁に総攻撃を開始する。

18 砂漠に油井のやぐらが林立する。

19 憂鬱な気持ちが薄らいでいく。

20 二人は文壇の双璧といわれた。

21 週刊誌に旧悪が暴かれた。

22 麗しい情景を目にした。

23 どうしても諦めきれない。

24 彩りにトマトを添える。

25 言い知れぬ悲しみに胸が塞がる。

26 際どいところで虎口を脱した。

27 船上から大小の渦潮が見える。

28 大関が横綱の優勝を阻んだ。

29 藍染めのジーンズをはいている。

30 感興の赴くままに歌を詠む。

ウ 上の字が下の字を修飾しているもの　（**洋画**）

エ 下の字が上の字の目的語・補語になっているもの　（**着席**）

オ 上の字が下の字の意味を打ち消しているもの　（**非常**）

次の熟語は右の**ア～オ**のどれにあたるか、**一つ**選び、**記号にマーク**せよ。

1 伴侶

2 隠顕

3 未熟

4 折衷

5 庶務

6 叙景

7 疎密

8 銃創

9 放逐

10 点滅

ケ （ 9 ）奪胎

コ （ 10 ）奇抜

問2 次の11～15の**意味**にあてはまるものを**問1**の**ア～コの四字熟語**から**一つ**選び、**記号にマーク**せよ。 (**10**) 2×5

11 物事が食い違ってかみ合わないたとえ。

12 他者を思いのままに扱うこと。

13 技巧の跡がなく自然なさま。

14 難事を鮮やかに解決すること。

15 地道に努力を重ねること。

12

(五) 次の1～5の**対義語**、6～10の**類義語**を後の□の中から選び、**漢字**で記せ。□の中の語は一度だけ使うこと。

(20) 2×10

対義語

1 凡百

2 明瞭

3 炎暑

4 諮問

5 褒賞

類義語

6 永眠

7 互角

8 漂泊

9 学識

10 考慮

あいまい・こっかん・しゃくりょう
せいきょ・ぞうけい・ちょうばつ
とうしん・はくちゅう・ゆいいつ
るろう

(七) 次の各文にまちがって使われている**同じ読みの漢字**が**一字**ある。**上に誤字**を、**下に正しい漢字**を記せ。

(10) 2×5

1 太平洋上空で消足を絶った航空機を捜索中の船が、不明機の残骸の一部と思われる浮遊物を発見した。

2 発展途上国では糖尿病に起引する病気にかかりながら自分の発症にすら気付かずに死亡する人が少なくない。

3 イタリアで、移民との融和政策を積極的に推進する閣領に対し移民排斥派からの嫌がらせが相次いだ。

4 川の水に含まれるオオサンショウウオの皮膚の粘液のDNAを分析し、固有種と外来種を看別する。

5 出産直後の乳牛は、血中カルシウム濃度が低下して起立不能に陥り、作乳が困難になる場合がある。

(八) 次の――線の**カタカナ**を**漢字一字**と**送りがな(ひらがな)**に直せ。

(10) 2×5

〈例〉 問題に**コタエル**。 答える

6 **ネンポウ**二千万円で契約更改をした。

7 各国の大使が**キヒン**席に着いた。

8 久しぶりに**シンセキ**が集まった。

9 使った食器を**シャフツ**消毒する。

10 左様な話は**カブン**にして存じません。

11 欲得ずくの行為を**ケイベツ**する。

12 **コショウ**の水質を調査する。

13 両選手の実力に**ウンデイ**の差がある。

14 **ウ**えと渇きで倒れそうになった。

15 その**ムネ**お伝え願います。

(六) 次の——線のカタカナを漢字に直せ。 (20) 2×10

1 山中にごみがトウキされていた。
2 購入した不動産のトウキを済ませた。
3 収支のキンコウを保つ。
4 首都のキンコウに住む。
5 腐敗した政治をダンガイする。
6 ダンガイ絶壁の状況に立たされる。
7 ケンジョウの美徳を発揮する。
8 将軍に数々の品をケンジョウする。
9 危険をオカして出国する。
10 重大な過ちをオカした。

1 ウラヤマシクなるような話を聞いた。
2 不摂生で健康をソコネル。
3 規律にシバラれた毎日を送る。
4 土産をタズサエて祖父母を訪ねる。
5 不屈の精神をツチカウ。

(九) 次の——線のカタカナを漢字に直せ。 (50) 2×25

1 コレラのボウエキに万全を期する。
2 家族皆でガンタンを祝う。
3 寄付金は所得コウジョの対象となる。
4 調査の結果をホウカツして報告する。
5 ソウゴンな音楽が会堂に鳴り響く。

16 我が子のようにイツクしむ。
17 学校にテブクロを忘れてきた。
18 行状がカンバしくない。
19 家業のカタワら郷土史の研究をする。
20 名手のカナでる音楽に聞きほれる。
21 草野球の監督にカツぎ出された。
22 大観衆を前にシリゴみする。
23 サルも木から落ちる。
24 刀折れ矢ツきる。
25 大魚をイッす。

▼解答は別冊24・25ページ

㈠ 次の――線の**漢字の読み**を**ひらがな**で記せ。 (30) 1×30

1 贈賄の嫌疑がかけられた。
2 コンクリート塀に亀裂が走っている。
3 ご臨席を賜れば幸甚に存じます。
4 思い立って古都の名刹を訪ねる。
5 林道に砕石が敷かれている。
6 伏線がいくつも張られていた。
7 チームに沖天の勢いがあった。
8 混乱して収拾がつかなくなった。
9 好餌をもって人を誘う。
10 日がな一日、山中を渉猟する。
11 稚拙な絵だが心に強く訴えてくる。
12 湿原は湧水が既に枯渇していた。
13 都に巨大な仏像が建立された。
14 商標権を侵害され訴訟を起こす。

㈡ 次の漢字の**部首**を記せ。 (10) 1×10

〈例〉 菜 〔艹〕 間 〔門〕

1 庸
2 彰
3 鼓
4 靴
5 準
6 塁
7 者
8 羅
9 妥
10 斬

㈢ **熟語の構成**のしかたには次のようなものがある。 (20) 2×10

ア 同じような意味の漢字を重ねたもの (**岩石**)
イ 反対または対応の意味を表す字を重ねたもの (**高低**)

㈣ 次の**四字熟語**について、**問1**と**問2**に答えよ。 (30)

問1 次の**四字熟語**の(1～10)に入る適切な語を下の□の中から選び、**漢字二字**で記せ。 (20) 2×10

ア 錦衣(1)
イ 生生(2)
ウ 勧善(3)
エ 意気(4)
オ 内憂(5)
カ (6)協同
キ (7)妄動
ク (8)連理

がいかん
ぎょくしょく
けいきょ
しよう
しょうてん
ちょうあく
ひよく
ようかい
るてん
わちゅう

15 大陸棚の海底に油井を掘る。
16 昨年失った名人位を奪還した。
17 健康診断で胃に潰瘍が見つかった。
18 盆栽の松の手入れをする。
19 よく晴れた日に布団を干す。
20 忠告を等閑視して痛い目にあう。
21 侮るようなまなざしを向けられた。
22 戦死者の骨を埋めて塚を築く。
23 金額の桁が違っている。
24 柔道の練習中に生爪を剝がした。
25 偽の紙幣が世間を騒がせた。
26 天寿を全うした祖父を懇ろに弔った。
27 痛みを鎮める薬を飲む。
28 辛うじて敵の刃先をかわした。
29 庭の柿の木が大きくなった。
30 将軍に恭しく敬礼する。

ウ 上の字が下の字を修飾しているもの　（**洋画**）
エ 下の字が上の字の目的語・補語になっているもの　（**着席**）
オ 上の字が下の字の意味を打ち消しているもの　（**非常**）

次の熟語は右の**ア〜オ**のどれにあたるか、**一つ**選び、**記号にマーク**せよ。

1 汎論
2 殉難
3 罷免
4 禁錮
5 逐次

6 授受
7 捜索
8 親疎
9 逓送
10 未刊

ケ （9）末節
コ （10）変化

問2
次の11〜15の**意味**にあてはまるものを**問1**の**ア〜コの四字熟語**から**一つ**選び、**記号にマーク**せよ。

(**10**)
2×5

11 男女の情愛の深いことのたとえ。
12 心を一つにして事に当たること。
13 ぜいたくな暮らし。
14 ここもかしこも心配事が多いこと。
15 主要でない部分。

13

(五) 次の1〜5の**対義語**、6〜10の**類義語**を後の□の中から選び、**漢字**で記せ。□の中の語は一度だけ使うこと。 (20) 2×10

対義語

1 暫時
2 不毛
3 狭量
4 高遠
5 設置

類義語

6 歴然
7 猛者
8 対価
9 頑丈
10 死角

かんだい・けんご・けんちょ
こうきゅう・ごうけつ・てっきょ
ひきん・ひよく・ほうしゅう
もうてん

(七) 次の各文にまちがって使われている**同じ読みの漢字**が**一字**ある。**上に誤字**を、**下に正しい漢字**を記せ。 (10) 2×5

1 厳選された素材と丁寧な縫製で定評のある製品が、品質を責入の基準とする消費者から信頼を得ている。

2 事件現場に明らかな物色の痕跡がないことから、警察は縁恨による犯行とみて捜査を開始した。

3 被爆地広島と長崎の両市長が核不拡散条約再検討の場で一刻も早い核兵器排絶の実現を求める演説を行った。

4 哺乳類が危餓に陥ったとき脳が体温上昇の抑制と迅速なエネルギー摂取を指令する生理的過程が解明された。

5 振り込め詐欺犯からの電話を音声から察知する装置を登載した携帯電話を使い、その有効性の実証を試みた。

(八) 次の――線の**カタカナ**を**漢字一字**と**送りがな(ひらがな)**に直せ。 (10) 2×5

〈例〉 問題に**コタエル**。 答える

6 **ダソク**ながら一言申し添える。

7 二人の学力には**ウンデイ**の差がある。

8 十年越しの悲願が**ジョウジュ**した。

9 朝の**セイチョウ**な空気を吸う。

10 **ケイコウトウ**の周りを虫が飛び回る。

11 研究室で細菌を**バイヨウ**する。

12 **ボンノウ**を断つために出家する。

13 恵まれた**キョウグウ**で育った。

14 上着の**エリモト**に校章を付ける。

15 土鍋に**フタ**をして煮る。

(六) 次の——線のカタカナを漢字に直せ。 (20) 2×10

1 市民の意見にシンシに耳を傾ける。
2 相手にシンシ的な態度を求める。
3 キュウヨ明細書に目を通す。
4 キュウヨの一策で切り抜けた。
5 亡き友人のソウレツに加わった。
6 ソウレツな戦いが続いた。
7 業績不振で社長がコウテツされた。
8 コウテツ製の扉をしつらえる。
9 新しいスニーカーをハく。
10 玄関先をほうきでハく。

1 山の頂上から下界をナガメル。
2 子供がニクラシイ口をきく。
3 小舟が大波にクツガエサれた。
4 若手選手がベテランをオビヤカス。
5 恐るべき陰謀をクワダテていた。

(九) 次の——線のカタカナを漢字に直せ。 (50) 2×25

1 年初からの売り上げをルイケイする。
2 ケンアンの議題を優先して審議する。
3 恩師のクントウのたまものだ。
4 保険料の納付をトクソクされる。
5 ホウビに何が欲しいか尋ねられた。

16 コーヒーをこぼして服にシみが付く。
17 恥ずかしくて顔がホテる。
18 社殿にコウゴウしい雰囲気が漂う。
19 ウデキきの職人を雇う。
20 ゴール直前まで激しくセる。
21 虫に刺されたところがハれた。
22 ヨットのホコロびた帆を繕う。
23 カワラも磨けば玉となる。
24 ハイスイの陣。
25 ハチクの勢い。

▼解答は別冊26・27ページ

(一) 次の傍線部分の読みを**ひらがな**で記せ。1〜20は**音読み**、21〜30は**訓読み**である。 (30) 1×30

1 日々孜孜として学業に励む。
2 古式に則り大嘗会の大礼が行われた。
3 膝を折り叩頭して非礼を詫びる。
4 秋風来って楓葉荻花を戦がす。
5 作者斌斌として其の業益盛んなり。
6 泰西流の政理を以て其の悪を匡済する。
7 錦紗の羽織をお召しになっている。
8 妖艶な舞姫が客の目を吸い寄せる。
9 尤物人を惑わし、忘れ得ず。
10 鉄桶の堅陣を布いて迎え撃つ。
11 仏智を得て無碍の境地に遊ぶ。
12 御尊父は令名高い杏林であらせられた。
13 皐魚の泣の故事を聞き身につまされる。
14 掩蓋を設え敵弾を防ぐ。

(二) 次の傍線部分は常用漢字である。その**表外**の**読み**を**ひらがな**で記せ。 (10) 1×10

1 私事を論われてかっとなった。
2 しずしずと拝殿の階を上る。
3 賂いを贈られて困惑する。
4 今も約やかな暮らしを続ける。
5 もろ人挙りて成婚を祝福する。
6 二人の交情の濃やかさに感嘆した。
7 数家人に告げずに出掛けた。
8 努努人に語る無かれ。
9 己自ら始末するに如くはない。
10 聖域の周りに標を結う。

(三) 次の**熟語**の**読み**（**音読み**）と、その**語義**にふさわしい**訓読み**を（送りがなに注意して）**ひらがな**で記せ。 (10) 1×10

〈例〉 健勝……勝れる → けんしょう / すぐ

ア 1 輿望……2 輿い

(五) 次の傍線部分の**カタカナ**を**漢字**で記せ。 (40) 2×20

1 実に丁寧に**コンポウ**してある。
2 西欧の貴婦人に**フンソウ**する。
3 **メシベ**の柱頭に花粉を付ける。
4 秘蔵する良寛の書を**ショウガン**する。
5 **ホリュウ**の質の妻をいたわる。
6 **カンキツ**類特有の香りが漂う。
7 人目はばからず恋の**サヤア**てを演じる。
8 原告の全面勝訴に**カイサイ**を叫んだ。
9 町中の家々が**スダレ**を下ろしている。
10 大きな**ヒョウタン**が風に揺れている。

15 情誼に感じてはらはらと涙を零す。
16 五十年前の己巳の年に元服した。
17 古今の翰藻を博覧する。
18 蚤知の士、名成りて毀《こぼ》たず。
19 姿こそひなびたれ、心は伽羅にて候。
20 頭を剃り糞掃衣を身にまとう。

21 道の俣で首を傾げている。
22 腕の立つ杢を集めた。
23 店の奥に時代物の姥口を並べてある。
24 神の嘉し給う所為であった。
25 山の阿にまじって蒼古たる寺がある。
26 侍の子は鍔音に眼を覚ます。
27 人間関係が歪になる。
28 我而に罪無きを知る。
29 子胡ぞ進みて辞せざるや。
30 谷深く立つ苧環は我なれや。

イ 3 窺知……4 窺う
ウ 5 湛然……6 湛える
エ 7 葺屋……8 葺く
オ 9 悉皆……10 悉く

(四) 次の各組の二文の（　）には**共通**する漢字が入る。その読みを後の□から選び、**常用漢字（一字）**で記せ。 **(10)** 2×5

1
俺は天才だと（ 1 ）言してはばからない。
国威の大大的な顕（ 1 ）を図る。

2
（ 2 ）鬼の如く青ざめている。
家郷に（ 2 ）居して余生を送る。

3
（ 3 ）来一層出不精になった。
（ 3 ）残の身を横たえる。

4
師の学説を（ 4 ）述する。
唯物論哲学の始（ 4 ）とされる。

5
友人の見解に（ 5 ）義をさしはさむ。
些かも遅（ 5 ）せず実行する。

いん・ぎ・こう・そ
たい・ゆう・よう・ろう

11 市の財政が**キタイ**に瀕している。
12 **トテツ**もない金額を請求された。
13 金儲けに**キュウキュウ**としている。
14 **ススマミ**れになって掃除する。
15 中盤に入ると**ガゼン**攻勢に転じた。
16 世人の**シンタン**を寒からしめる。
17 親の威光を**カサ**に着る。
18 **カサ**に懸かって攻撃する。
19 並み居る強豪に**ゴ**して戦う。
20 討ち死にを**ゴ**して戦う。

(六) 次の各文にまちがって使われている**同じ音訓の漢字が一字**ある。**上に誤字を、下に正しい漢字**を記せ。 (10) 2×5

1 友人たちを驚かせ羨望させた灼熱の恋の後に、晴れて華飾の典を挙げた。

2 事件解明の端初を擱むと、間髪を容れず関与した者を芋蔓式に検束した。

3 党の威進を賭した選挙に惨敗し、首班として鼎の軽重を問われ兼ねない。

4 一朝その勢を挽回するや怒濤の進軍が始まり周辺諸国を蚕食し並呑した。

5 暫時平坦な道を辿ると忽如として奇巌怪石累累たる険竣な山稜が現れた。

(七) 次の**問1**と**問2**の四字熟語について答えよ。 (30)

問1 次の四字熟語の(1～10)に入る適切な語を後の□から選び**漢字二字**で記せ。 (20) 2×10

(1)準縄　　一紙(6)

(2)錯節　　鶏鳴(7)

(八) 次の1～5の**対義語**、6～10の**類義語**を後の□の中から選び、**漢字**で記せ。
□の中の語は一度だけ使うこと。 (20) 2×10

対義語

1 送別

2 直行

3 英明

4 垂死

5 適合

類義語

6 尊卑

7 触発

8 過褒

9 懸隔

10 符合

いつび・うかい・きせん
けいごう・けいてい・じゃっき
そせい・はいち・もうまい
りゅうべつ

(十) 文章中の傍線(1～5)の**カタカナを漢字**に直し、波線(ア～コ)の**漢字の読みをひらがな**で記せ。 (20) 2×5 1×10

A 祭りの日などには舞台据えらるべき広辻あり、貧しき家の児等血色なき顔を〔ア〕曝して戯れす、懐手して立てるもあり。此処に来かかりし乞食あり。小供の一人、「紀州紀州」と呼びしが振り向きもせで行き過ぎんとす。打ち見には十五六と思わる、〔イ〕蓬なす頭髪は頸を〔ウ〕被い、顔の長きが上に頬肉こけたれば頷《おとがい》の骨尖れり。眼の光濁り瞳動くこと遅く何処ともなく睇視《みつむ》るまなざし鈍し。〔エ〕纏いしは〔オ〕袷一枚、裾は短く襤褸《ぼろ》下がり〔1〕ヌれしまま僅かに脛《すね》を隠せり。腋《わき》よりは蟋蟀《きりぎりす》の足めきたる〔カ〕肱現れつ、わなわなと戦慄《ふる》いつつゆけり。

(国木田独歩「源おじ」より)

B 今日のように自分免許の自由思想家から生温い説を聞かされては〔キ〕溜まったものでない。彼等は新思想の同情者であるとか、過渡時代の〔2〕**キョウリョウ**であるとか言って、頼まれもせぬおせっかいをして、却って徹底的に行かんとする者を危ない危ないと云って後ろ

（3）重来　珍味（8）
（4）托生　気息（9）
（5）戴天　鱗次（10）

いちれん・えんえん・かこう
きく・くとう・けんど
しっぴ・ばんこん・はんせん
ふぐ

問2 次の1〜5の**解説・意味**にあてはまる四字熟語を後の□から選び、その**傍線部分だけの読み**を**ひらがな**で記せ。 （10）2×5

1 清廉高潔な人物の典型。
2 相手を造作もなく打ち負かすこと。
3 物や人が群がりひしめくさま。
4 求道者の実践徳目。
5 有名無実のたとえ。

一飲一啄・稲麻竹葦・伯夷叔斉
禾黍油油・慈悲忍辱・兎葵燕麦
鎧袖一触・竜跳虎臥

(九) 次の故事・成語・諺の**カタカナ**の部分を**漢字**で記せ。 （20）2×10

1 **ゴトベイ**の為に腰を折る。
2 **ムカウ**の郷。
3 山葵と**ジョウルリ**は泣いて誉める。
4 家貧しくして**コウシ**顕れ、世乱れて忠臣を識る。
5 **ワラ**千本あっても柱にならぬ。
6 **シシ**身中の虫。
7 戎馬を殺して**コリ**を求む。
8 **チチュ**が網を張りて鳳凰を待つ。
9 大海は**アクタ**を択ばず。
10 落花枝に帰らず、**ハキョウ**再び照らさず。

から抱き止める。まるで保守思想の廻し者見たようなものである。彼等は旧思想を深く味おうた事無き故に之を飽くまで維持しようとする努力もなし得ず、新思想も[ク]生嚙りであるが故に徹底的に主張する事もなし得ない。されぱと云って真面目に懐疑して新旧両思想を自己の人格の奥底に於いて批評しようとの勇気も無い。要するに意識の浅弱と云うことが彼等の病である、彼等に限って旧思想が勢いを[ケ]恢復して来ると妥協説を吐き、新思想が歓迎せられて来ると物識り顔をする。我等浅学の徒は彼等によって色々新しい事を教えられる事もあるが、其の態度は何時でも[3]**キザ**で生意気で片腹痛い事が多い。イブセンがどうのニイツエがどうのと云って其の[4]**ソウハク**だに[コ]嘗め得ざる蓄音機に過ぎぬでは無いか。彼等はただ「最近の最近」を追う浮気者である。[5]**ホウトウ**息子が勘当すると威嚇されて女郎買いを止めるが如く、此の徒は当局の抑圧によって改宗を宣言する不信者である。

（魚住折蘆「穏健なる自由思想家」より）

▼解答は別冊28・29ページ

準1級

漢検

日本漢字能力検定 答案用紙

注意事項が裏面にありますので、よく読んで解答してください。

答えはすべてこの用紙に記入してください。

この用紙は折りまげたり、汚したりしないでください。

性別	生年月日
男 ▯ 女 ▯	西暦 □□□□ 年 □□ 月 □□ 日 ※印字されていない場合は、□の中に生年月日を記入。 <記入例> 生年月日が2001年(平成13年)1月1日なら 2001 年 01 月 01 日
	訂正 ▯ 西暦 □□□□ 年 □□ 月 □□ 日 ※生年月日に誤りがある場合、訂正▯にマークし、▒の中に正しい生年月日を記入。

マーク記入例

○のように▯をきれいにぬりつぶしてください。 ○ ▮ × ▯ ▯ ▯

ご記入いただきました個人情報は、当協会の検定にかかわる業務にのみ使用します。

（ただし、検定にかかわる業務に際し、業務提携会社に作業を委託する場合があります。）

ご記入いただきました個人情報にかかわるお問い合わせは、下記までお願いします。

（公財）日本漢字能力検定協会　https://www.kanken.or.jp/privacy/

(一) 読み (30)

12	11	10	9	8	7	6	5	4	3	2	1

1×30

(二) 表外の読み (10)

10	9	8	7	6	5	4	3	2	1

1×10

(三) 熟語の読み・一字訓読み (10)

ア	
2	1

1×10

(五) 書き取り (40)

8	7	6	5	4	3	2	1

2×20

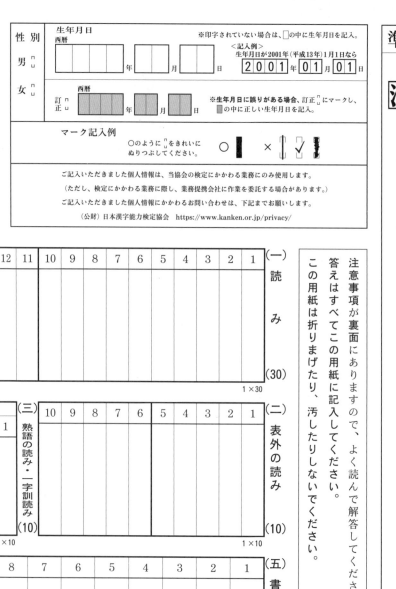

会場番号						
0 1 2 3 4 5 6 7 8 9	0 1 2 3 4 5 6 7 8 9	0 1 2 3 4 5 6 7 8 9	0 1 2 3 4 5 6 7 8 9	0 1 2 3 4 5 6 7 8 9	0 1 2 3 4 5 6 7 8 9	0 1 2 3 4 5 6 7 8 9

会場名

受検番号					
0 1 2 3 4 5 6 7 8 9	0 1 2 3 4 5 6 7 8 9	0 1 2 3 4 5 6 7 8 9	0 1 2 3 4 5 6 7 8 9	0 1 2 3 4 5 6 7 8 9	0 1 2 3 4 5 6 7 8 9

氏名

※印字されていない場合は氏名を記入。

ふりがな

※氏名に誤りがある場合、右上の訂正□にマークし、正しい氏名を記入。

訂正 □

30	29	28	27	26	25	24	23	22	21	20	19	18	17	16	15	14	13

(四) 共通の漢字 (10)

5	4	3	2	1

2 × 5

オ		エ		ウ		イ	
10	9	8	7	6	5	4	3

20	19	18	17	16	15	14	13	12	11	10	9

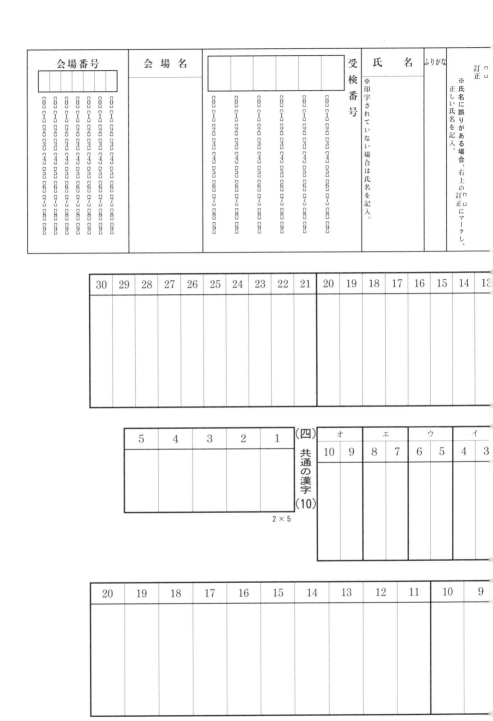

(六) 誤字訂正 (10)

	1	2	3	4	5
誤					
正					

2×5

(七) 四字熟語 (30)

問1 書き取り

1	2	3	4	5	6

2×10

(八) 対義語・類義語 (20)

1	2	3	4	5	6	7	8	9	10

2×10

(九) 故事・諺 (20)

1	2	3

2×10

(十) 文章題 (20)

書き取り

1	2	3	4	5

2×5

読み

ア	イ	ウ	エ	オ	カ	キ

1×10

ないでください。答えが書けなくても必ず提出してください。

答となることがありますので、ご注意ください。

〔注　意　事　項〕

① 答えはすべてこの用紙に書きなさい。
② 合図があるまで、はじめてはいけません。（時間は60分です。）
③ 問題についての説明はありませんので、問題をよく読んでから答えを書きなさい。
④ 答えは、ＨＢ・Ｂ・２Ｂの鉛筆またはシャープペンシルで書きなさい。（ボールペンや万年筆等は使用しないこと）
⑤ 答えは、**楷書**でわく内いっぱいに**大きくはっきり**書きなさい。
とくに漢字の**書き取り問題**では**はねるところ・とめるところ**など、はっきり書きなさい。
行書体や草書体のようにくずした字や、乱雑な字は**検定の対象**にはなりません。
⑥ 問題の見落としや早合点のないよう、くれぐれも注意してください。

△合否その他に関する問い合わせにはいっさい応じられません。

（公財）日本漢字能力検定協会

5	4	3	2	1	問2 意味と読み	10	9	8	7

2×5

10	9	8	7	6	5	4

解答欄を間違えないよう設問番号を確認してください。

コ	ケ	ク

これより下は記入しないこと。

年度 0 1 2 3 4 5 6 7 8 9

回 日程 級 0 1 2 3 4 5 6 7 B C D E F G H N O P Q R S T U

この用紙は折りまげたり、汚したり

乱雑な字や、薄くて読みにくい字は

常用漢字表 付表（熟字訓・当て字など）

＊小・中・高：小学校・中学校・高等学校のどの時点で学習するかの割り振りを示した。
※以下に挙げられている語を構成要素の一部とする熟語に用いてもかまわない。
例「河岸（かし）」→「魚河岸（うおがし）」／「居士（こじ）」→「一言居士（いちげんこじ）」

付表1

語	読み	小	中	高
明日	あす	●		
小豆	あずき		●	
海女・海士	あま			●
硫黄	いおう		●	
意気地	いくじ		●	
田舎	いなか		●	
息吹	いぶき			●
海原	うなばら		●	
乳母	うば		●	
浮気	うわき			●
浮つく	うわつく		●	
笑顔	えがお		●	
叔父・伯父	おじ		●	
大人	おとな	●		
乙女	おとめ		●	
叔母・伯母	おば		●	
お巡りさん	おまわりさん		●	
お神酒	おみき			●
母屋・母家	おもや			●
母さん	かあさん	●		
神楽	かぐら			●
河岸	かし			●
鍛冶	かじ		●	
風邪	かぜ		●	
固唾	かたず		●	
仮名	かな		●	
蚊帳	かや			●
為替	かわせ		●	
河原・川原	かわら	●		
昨日	きのう	●		
今日	きょう	●		
果物	くだもの	●		
玄人	くろうと			●
今朝	けさ	●		
景色	けしき	●		
心地	ここち		●	

語	読み	小	中	高
居士	こじ			●
今年	ことし	●		
早乙女	さおとめ		●	
雑魚	ざこ			●
桟敷	さじき			●
差し支える	さしつかえる		●	
五月	さつき		●	
早苗	さなえ		●	
五月雨	さみだれ		●	
時雨	しぐれ		●	
尻尾	しっぽ		●	
竹刀	しない		●	
老舗	しにせ		●	
芝生	しばふ		●	
清水	しみず	●		
三味線	しゃみせん		●	
砂利	じゃり		●	
数珠	じゅず			●
上手	じょうず	●		
白髪	しらが		●	
素人	しろうと			●
師走	しわす(しはす)			●
数寄屋・数奇屋	すきや			●
相撲	すもう		●	
草履	ぞうり		●	
山車	だし			●
太刀	たち		●	
立ち退く	たちのく		●	
七夕	たなばた	●		
足袋	たび		●	
稚児	ちご			●
一日	ついたち	●		
築山	つきやま			●
梅雨	つゆ		●	
凸凹	でこぼこ		●	
手伝う	てつだう	●		
伝馬船	てんません			●
投網	とあみ			●
父さん	とうさん	●		
十重二十重	とえはたえ			●
読経	どきょう			●
時計	とけい	●		
友達	ともだち	●		
仲人	なこうど			●
名残	なごり		●	
雪崩	なだれ		●	
兄さん	にいさん	●		
姉さん	ねえさん	●		
野良	のら			●
祝詞	のりと			●
博士	はかせ	●		

語	読み	小	中	高
二十・二十歳	はたち		●	
二十日	はつか	●		
波止場	はとば		●	
一人	ひとり	●		
日和	ひより		●	
二人	ふたり	●		
二日	ふつか	●		
吹雪	ふぶき		●	
下手	へた	●		
部屋	へや	●		
迷子	まいご	●		
真面目	まじめ	●		
真っ赤	まっか	●		
真っ青	まっさお	●		
土産	みやげ		●	
息子	むすこ		●	
眼鏡	めがね	●		

語	読み	小	中	高
猛者	もさ			●
紅葉	もみじ		●	
木綿	もめん		●	
最寄り	もより		●	
八百長	やおちょう			●
八百屋	やおや	●		
大和	やまと		●	
弥生	やよい		●	
浴衣	ゆかた			●
行方	ゆくえ		●	
寄席	よせ			●
若人	わこうど		●	

語	読み	小	中	高
愛媛	えひめ	●		
茨城	いばらき	●		
岐阜	ぎふ	●		
鹿児島	かごしま	●		
滋賀	しが	●		
宮城	みやぎ	●		
神奈川	かながわ	●		
鳥取	とっとり	●		
大阪	おおさか	●		
富山	とやま	●		
大分	おおいた	●		
奈良	なら	●		

都道府県名

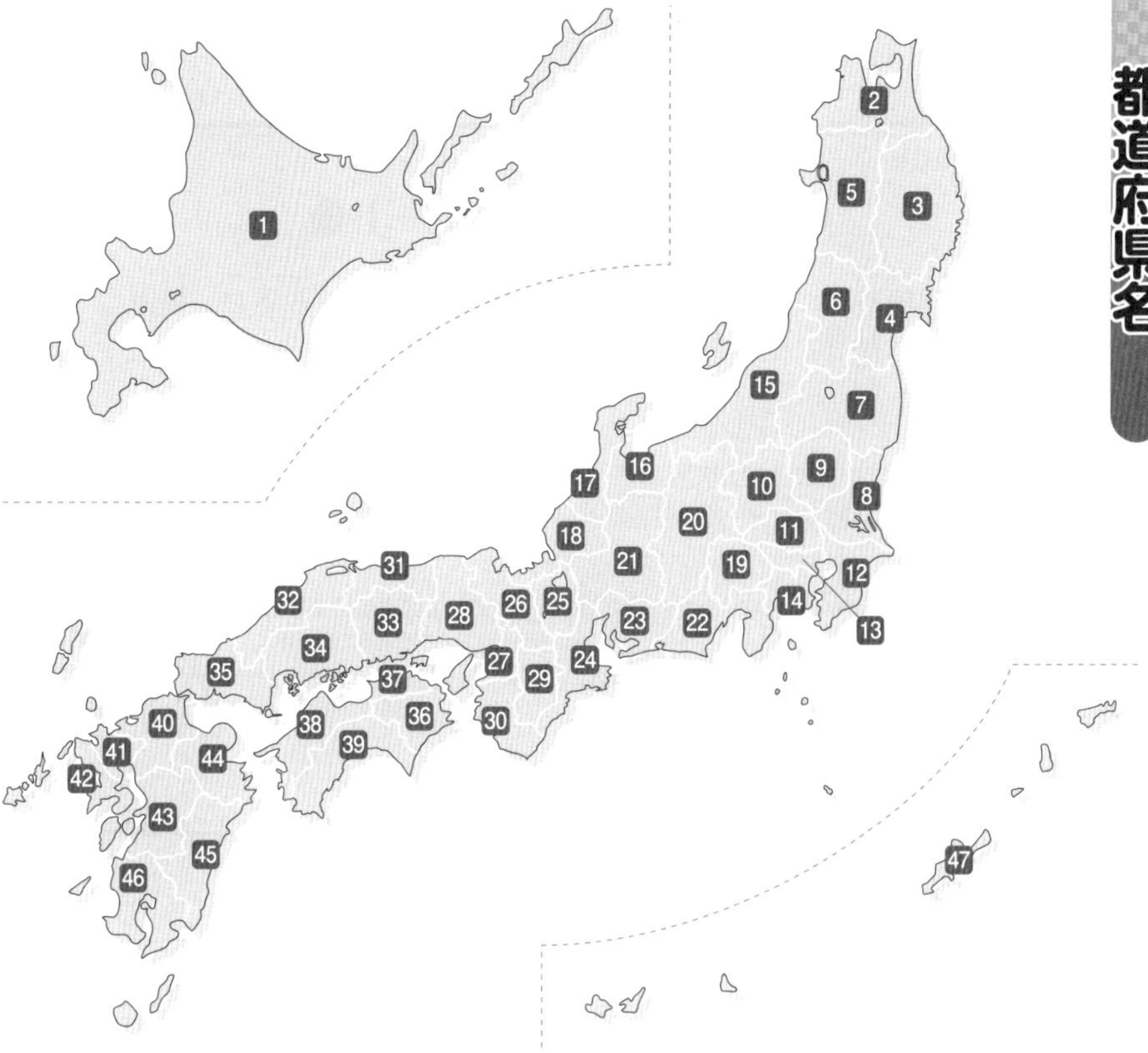

16	15	14	13	12	11	10	9	8	7	6	5	4	3	2	1
富山《とやま》県	新潟《にいがた》県	神奈川《かながわ》県	東京都《とうきょうと》	千葉《ちば》県	埼玉《さいたま》県	群馬《ぐんま》県	栃木《とちぎ》県	茨城《いばらき》県	福島《ふくしま》県	山形《やまがた》県	秋田《あきた》県	宮城《みやぎ》県	岩手《いわて》県	青森県《あおもりけん》	北海道《ほっかいどう》

32	31	30	29	28	27	26	25	24	23	22	21	20	19	18	17
島根《しまね》県	鳥取《とっとり》県	和歌山《わかやま》県	奈良《なら》県	兵庫《ひょうご》県	大阪《おおさか》府	京都府《きょうとふ》	滋賀《しが》県	三重《みえ》県	愛知《あいち》県	静岡《しずおか》県	岐阜《ぎふ》県	長野《ながの》県	山梨《やまなし》県	福井《ふくい》県	石川《いしかわ》県

47	46	45	44	43	42	41	40	39	38	37	36	35	34	33
沖縄《おきなわ》県	鹿児島《かごしま》県	宮崎《みやざき》県	大分《おおいた》県	熊本《くまもと》県	長崎《ながさき》県	佐賀《さが》県	福岡《ふくおか》県	高知《こうち》県	愛媛《えひめ》県	香川《かがわ》県	徳島《とくしま》県	山口《やまぐち》県	広島《ひろしま》県	岡山《おかやま》県

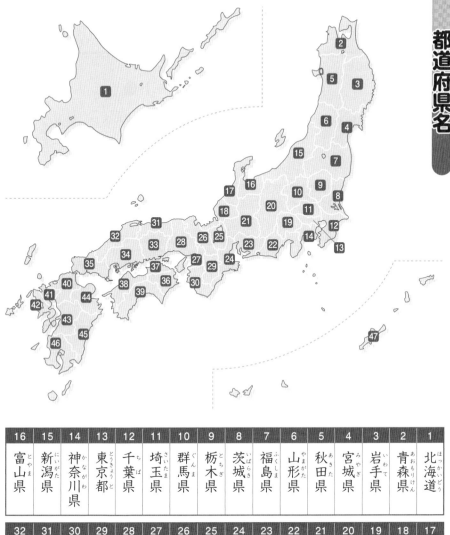

●本書に関するアンケート●

今後の出版事業に役立てたいと思いますので、アンケートにご協力ください。抽選で粗品をお送りします。

◆PC・スマートフォンの場合

下記URL、または二次元コードから回答画面に進み、画面の指示に従ってお答えください。

https://www.kanken.or.jp/kanken/textbook/past.html

◆愛読者カード（ハガキ）の場合

本書挟み込みのハガキに切手を貼り、お送りください。

漢検 2級 過去問題集

2023年12月25日　第1版第2刷　発行

編　者　公益財団法人 日本漢字能力検定協会

発行者　山崎　信夫

印刷所　大日本印刷株式会社

発行所　公益財団法人 日本漢字能力検定協会

〒605-0074 京都市東山区祇園町南側551番地

☎(075)757-8600

ホームページhttps://www.kanken.or.jp/

ISBN978-4-89096-488-8 C0081

乱丁・落丁本はお取り替えいたします。

公益財団法人 日本漢字能力検定協会

漢検

漢検 過去問題集 2級

標準解答

目次

2級

別冊

本体からはなしてお使いください。

漢検 公益財団法人 日本漢字能力検定協会

700488 (1-2)

(一) 読み (30)

1	2	3	4	5	6	7	8	9	10	11	12	13	14	15	16	17	18
しぎん	かくせい	ふせき	そじょう	ふくせん	だっきゅう	せっしょう	ごうもん	さんろく	しょうよう	ひけん	かんか	こしょう	こくう	ちせつ	ぜんじょう	こんぼう	くんしょう

1×30

(二) 部首 (10)

1	2	3	4	5	6	7	8	9	10
儿	大	殳	日	手	辰	土	車	田	宀

1×10

合格者平均得点 7.7/10

(四) 四字熟語 (30)

問1 書き取り

1	2	3	4	5	6	7	8	9	10
百出	貫徹	垂範	外親	飽食	断崖	普遍	悪口	泰然	教唆

2×10

合格者平均得点 16.3/20

(五) 対義語・類義語 (20)

1	2	3	4	5	6	7	8	9	10
恭順	虐待	罵倒	一斉	陳腐	傑出	均衡	厳粛	完璧	酌量

2×10

合格者平均得点 17.3/20

(七) 誤字訂正 (10)

	1	2	3	4	5
誤	至	酔	界	混	登
正	賜	睡	介	懇	搭

2×5

合格者平均得点 7.9/10

(八) 漢字と送りがな (10)

1	2	3
彩ら	紛らわしい	企て

2×5

6	7	8	9	10	11	12	13	14	15	16	17
由緒	一矢	羅列	亡者	衷心	美貌	控訴	難癖	涼	賄	欺	萎

30	29	28	27	26	25	24	23	22	21	20	19
なまつば	てぎわ	ひじ	まゆ	くだ	かつ	ほ	あわ	つめ	はか	きそう	ぎょうてん

合格者平均得点 27.8/30

10	9	8	7	6	5	4	3	2	1
ウ	エ	ウ	エ	イ	ウ	ア	イ	ア	オ

2×10

合格者平均得点 15.2/20

15	14	13	12	11
ク	オ	ア	コ	イ

問2 意味

2×

合格者平均得点 9.5/10

10	9	8	7	6	5	4	3	2	1
摘	詰	傘下	惨禍	誘拐	融解	一喝	一括	鋼鉄	更迭

2×10

合格者平均得点 17.4/20

5	4
秀でる	懐く

合格者平均得点 8.8/10

(九) 書き取り (50)

5	4	3	2	1
拘泥	祝儀	煩悩	相殺	流浪

2×25

25	24	23	22	21	20	19	18
諦	蛇	据	猿芝居	冠	傍	弦	瞳

合格者平均得点 42.3/50

学習日 月 日

/200

(一) 読み (30) 1×30

1	2	3	4	5	6	7	8	9	10	11	12	13	14	15	16	17	18
きんけい	あんかん	そうにゅう	かいきん	てんか	ぞうお	かんがん	しえん	けいがい	かんにん	ひっか	ゆうよ	ばんしゃく	さんいつ	せんぱく	げどくざい	しさく	ちょうもん

(二) 部首 (10) 1×10

1	2	3	4	5	6	7	8	9	10
斤	力	土	尸	音	耂	車	辶	口	二

合格者平均得点 7.6/10

(四) 四字熟語 問1 書き取り (30) 2×10

1	2	3	4	5	6	7	8	9	10
蛇尾	羞花	堅固	衝天	粛正	拍手	換骨	孤軍	金科	多岐

合格者平均得点 15.3/20

(五) 対義語・類義語 (20) 2×10

1	2	3	4	5	6	7	8	9	10
肥沃	卑近	迅速	謙虚	酷寒	仲裁	貢献	慶賀	僧侶	威嚇

合格者平均得点 16.9/20

(七) 誤字訂正 (10) 2×5

	1	2	3	4	5
誤	派	小	元	提	必
正	把	肖	玄	偵	匹

合格者平均得点 7.4/10

(八) 漢字と送りがな (10) 2×5

1	2	3
侮ら	廃れる	著しく

6	7	8	9	10	11	12	13	14	15	16	17
会釈	雲泥	凡例	惨敗	郷愁	罪業	薫風	鉄瓶	紡	戯	蔑	担

19	20	21	22	23	24	25	26	27	28	29	30
そうと	だらく	つまび	しいた	かま	そで	あざけ	ねた	つら	けが	なつ	だし

合格者平均得点 27.4 / 30

(三) 熟語の構成 [illegible] (2[illegible]

1	2	3	4	5	6	7	8	9	10
ウ	ア	エ	イ	ウ	オ	ア	イ	ア	エ

2 ×10

合格者平均得点 15.6 / 20

問2 意味

11	12	13	14	15
ウ	ケ	ク	コ	ア

2 ×

合格者平均得点 9.0 / 10

(六) 同音・同訓異字 (2[illegible]

1	2	3	4	5	6	7	8	9	10
検疫	権益	縦隊	渋滞	清掃	星霜	琴線	金銭	棟	旨

2 ×10

合格者平均得点 16.7 / 20

4	5
翻っ	衰える

合格者平均得点 9.0 / 10

(九) 書き取り (50)

1	2	3	4	5
払底	厄介	配膳	整頓	荘厳

2 ×25

18	19	20	21	22	23	24	25
滑	憂	締	脇腹	挑	光陰	真珠	乾

合格者平均得点 41.8 / 50

学習日 月 日

/200

2級 試験問題 3 標準解答【本冊24～27ページ】

(一) 読み (30)

1	2	3	4	5	6	7	8	9	10	11	12	13	14	15	16	17	18
しゅんさい	こうがい	かんかつ	こうじょ	かんおう	せんかい	ちょくがん	できあい	ふってい	しはい	かよく	くどく	ていねい	そうてん	しょうそう	けんしょう	はくせい	きんせい

1×30

(二) 部首 (10)

1	2	3	4	5	6	7	8	9	10
亠	止	目	口	穴	犬	巾	疒	鼓	羊

1×10

合格者平均得点 7.7 / 10

(四) 四字熟語 (30)

問1 書き取り

1	2	3	4	5	6	7	8	9	10
青松	連衡	必衰	高吟	壮大	徒手	隠忍	妖怪	危急	秋霜

2×10

合格者平均得点 16.0 / 20

(五) 対義語・類義語 (20)

1	2	3	4	5	6	7	8	9	10
潤沢	哀悼	稚拙	暗愚	軽侮	断崖	傑出	披露	熟睡	悠久

2×10

合格者平均得点 17.2 / 20

(七) 誤字訂正 (10)

	1	2	3	4	5
誤	奨	蒸	英	拓	奮
正	償	醸	鋭	託	噴

2×5

合格者平均得点 7.1 / 10

(八) 漢字と送りがな (10)

1	2	3
偽っ	隔て	虐げる

2×5

6	7	8	9	10	11	12	13	14	15	16	17
余剰	鉄扉	病巣	悪寒	如実	培養	官邸	土鍋	繭	桁	居候	畝

19	20	21	22	23	24	25	26	27	28	29	30
しゅうぶん	ゆうたいるい	なや	かつ	すそ	やおもて	こと	こ	におお	はか	ただ	こうごう

合格者平均得点 27.9/30

(三 熟語の構成 (2

1	2	3	4	5	6	7	8	9	10
イ	ア	ウ	イ	ア	エ	ウ	エ	オ	ア

2×10

合格者平均得点 15.2/20

問2 意味

11	12	13	14	15
オ	イ	キ	コ	ア

2×

合格者平均得点 8.7/10

(六 同音・同訓異字 (2

1	2	3	4	5	6	7	8	9	10
花瓶	過敏	閑散	換算	数奇	枢機	応酬	押収	藻	喪

2×10

合格者平均得点 16.8/20

4	5
賄う	惜しい

合格者平均得点 8.6/10

(九) 書き取り (50)

1	2	3	4	5
転嫁	富貴	布施	泥酔	循環

2×25

18	19	20	21	22	23	24	25
阻	臼	砕	恭	潜	蜜	尽	朱

合格者平均得点 42.3/50

学習日 月 日

/200

(一) 読み (30) 1×30

1	2	3	4	5	6	7	8	9	10	11	12	13	14	15	16	17	18
ろくしょう	しっこく	かんきゅう	ねんざ	かんれき	せいさん	しっせい	けんぎ	へんきょう	こるい	せっけい	ぼうしょく	しゅんけつ	けんぽん	ぜんぞう	ごうそう	あいびょう	だみん

(二) 部首 (10) 1×10

合格者平均得点 8.0／10

1	2	3	4	5	6	7	8	9	10
骨	糸	歹	衣	小	虍	歯	頁	夕	亠

(四) 四字熟語 (30) 2×10

問1 書き取り

合格者平均得点 14.8／20

1	2	3	4	5	6	7	8	9	10
随一	瓦鶏	墨客	落葉	打尽	経世	奮励	抜本	懇切	雲泥

(五) 対義語・類義語 (20) 2×10

合格者平均得点 17.2／20

1	2	3	4	5	6	7	8	9	10
凡庸	撤退	拙速	慶賀	軽侮	親戚	欠陥	憂慮	妥協	厳粛

(七) 誤字訂正 (10) 2×5

合格者平均得点 7.7／10

	1	2	3	4	5
誤	折	強	勉	傷	序
正	窃	矯	便	償	助

(八) 漢字と送りがな (10) 2×5

1	2	3
滑らかな	慌て	免れ

6	7	8	9	10	11	12	13	14	15	16	17
失踪	渇望	胸襟	幸甚	督促	比肩	会得	供養	懲	渋柿	霜柱	岬

30	29	28	27	26	25	24	23	22	21	20	19
わず	よ	わずら	ういうい	つる	うる	すきま	いや	ひるがえ	かま	せじょう	えっけん

合格者平均得点 27.7／30

(三) 熟語の構成 (2…

10	9	8	7	6	5	4	3	2	1
イ	エ	ウ	ア	エ	ア	オ	ウ	イ	ウ

2×10

合格者平均得点 16.7／20

問2 意味

15	14	13	12	11
イ	コ	オ	エ	ク

2×…

合格者平均得点 8.9／10

(六) 同音・同訓異字 (2…

10	9	8	7	6	5	4	3	2	1
蚊	香	操作	捜査	循環	旬刊	疲労	披露	窮余	給与

2×10

合格者平均得点 15.4／20

5	4
挑ん	滴る

合格者平均得点 8.6／10

(九) 書き取り (50)

5	4	3	2	1
澄明	果汁	雰囲気	煩悩	巾着

2×25

25	24	23	22	21	20	19	18
矛	雄弁	生唾	鹿	忌	葬	奏	飢

合格者平均得点 43.0／50

学習日　月　日

／200

(一) 読み (30)　1×30

1	2	3	4	5	6	7	8	9	10	11	12	13	14	15	16	17	18
ちょうはつ	こすい	さいご	しょうほん	りゃく	ちょっかつ	せきじつ	ぐまい	きゅうだん	すうはい	せんちゃ	かんぺき	ふしん	しゅよう	ぐんじょう	さんろく	そっこう	ゆうたいるい

(二) 部首 (10)　1×10

1	2	3	4	5	6	7	8	9	10
虍	門	方	口	彡	幺	十	大	革	山

合格者平均得点 8.3/10

(四) 四字熟語 (30)

問1 書き取り　2×10

1	2	3	4	5	6	7	8	9	10
御免	外親	躍如	自棄	垂範	破綻	森羅	一陽	眺望	雄心

合格者平均得点 14.5/20

(五) 対義語・類義語 (20)　2×10

1	2	3	4	5	6	7	8	9	10
点在	謙虚	陥没	清澄	湧出	容貌	窮乏	治癒	媒介	慶賀

合格者平均得点 17.3/20

(七) 誤字訂正 (10)　2×5

	1	2	3	4	5
誤	堅	粘	番	踪	綱
正	顕	捻	盤	捜	拘

合格者平均得点 8.1/10

(八) 漢字と送りがな (10)　2×5

1	2	3
怪しま	醸し	涼しい

6	7	8	9	10	11	12	13	14	15	16	17
疾病	蛍光	控除	湖沼	幸甚	薫陶	瞳孔	艦艇	雨靴	賄	一際	汁粉

合格者平均得点 28.3/30

30	29	28	27	26	25	24	23	22	21	20	19
うる	つつさき	か	さわ	うるわ	よい	しもばしら	いた	つむ	かぎあな	せいがん	ぶじょく

(三) 熟語の構成 (2

10	9	8	7	6	5	4	3	2	1
ア	イ	ア	エ	ウ	ア	エ	ウ	イ	オ

2×10

合格者平均得点 15.9/20

問2 意味

15	14	13	12	11
オ	カ	イ	ア	ク

2×5

合格者平均得点 8.7/10

(六) 同音・同訓異字 (2

10	9	8	7	6	5	4	3	2	1
盛	漏	扶養	浮揚	惨禍	傘下	勧奨	鑑賞	凡才	盆栽

2×10

合格者平均得点 16.5/20

5	4
阻む	紛れ

合格者平均得点 9.1/10

(九) 書き取り (50)

5	4	3	2	1
煮沸	詰問	胸囲	音頭	威嚇

25	24	23	22	21	20	19	18
及	唾	彼岸	雑魚	猿芝居	老	嵐	鳥籠

2×25

合格者平均得点 42.0/50

学習日 月 日

/200

2級 試験問題 6 標準解答【本冊36～39ページ】

(一) 読み (30)

1	2	3	4	5	6	7	8	9	10	11	12	13	14	15	16	17	18
くんとう	ちゅうてん	うっぷん	こうてい	しせい	きつもん	よくど	ほんりゅう	さく	しゅうか	ふせき	あっさく	とくれい	きんちゃく	こうどく	ふせつ	がかい	いっし

1×30

(二) 部首 (10)

合格者平均得点 7.9/10

1	2	3	4	5	6	7	8	9	10
亠	戈	彳	頁	儿	色	冫	戸	骨	耂

1×10

(四) 四字熟語 (30)

合格者平均得点 14.9/20

問1 書き取り

1	2	3	4	5	6	7	8	9	10
正銘	異曲	浄土	気鋭	頓挫	汗牛	有為	閑話	活殺	熱願

2×10

(五) 対義語・類義語 (20)

合格者平均得点 17.4/20

1	2	3	4	5	6	7	8	9	10
枯渇	慶賀	快諾	軽蔑	迅速	貢献	沿革	豪傑	浴槽	配慮

2×10

(七) 誤字訂正 (10)

合格者平均得点 7.5/10

	1	2	3	4	5
誤	憂	護	需	操	液
正	幽	碁	受	捜	疫

2×5

(八) 漢字と送りがな (10)

1	2	3
恭しい	企て	侮ら

2×5

6	7	8	9	10	11	12	13	14	15	16	17
褒美	渓谷	飢餓	利益	刹那	開襟	慈悲	炎症	鋳	芳	唆	得難

30	29	28	27	26	25	24	23	22	21	20	19
く	は	うね	うぶゆ	すた	くき	ひるがえ	はなかご	くつずみ	なんど	ふうさい	どき

合格者平均得点 27.6／30

(三) 熟語の構成 (2…

10	9	8	7	6	5	4	3	2	1
エ	ウ	ア	エ	イ	ウ	イ	オ	ア	ウ

2×10

合格者平均得点 15.4／20

問2 意味

15	14	13	12	11
カ	ケ	イ	オ	キ

2×5

合格者平均得点 9.3／10

(六) 同音・同訓異字 (2…

10	9	8	7	6	5	4	3	2	1
履	吐	暴騰	冒頭	旧知	窮地	寛容	慣用	更迭	鋼鉄

2×10

合格者平均得点 16.7／20

5	4
漂う	萎える

合格者平均得点 8.9／10

(九) 書き取り (50)

5	4	3	2	1
艦隊	旺盛	普請	建立	主賓

2×25

25	24	23	22	21	20	19	18
忠言	懐	亀	氷雨	矯	絡	鈴	柿

合格者平均得点 43.3／50

学習日 月 日

／200

(一) 読み (30)

1×30

1	2	3	4	5	6	7	8	9	10	11	12	13	14	15	16	17	18
きんせい	ゆうよ	わぼく	てい	じんだい	ぜんじょう	かんにん	きぐ	しょうりょう	はんかん	こせつ	じみ	ひよく	こうそ	くり	かよく	かげん	こんじょう

(二) 部首 (10)

1×10

合格者平均得点 7.9/10

1	2	3	4	5	6	7	8	9	10
斤	矛	目	車	耂	一	手	彡	行	口

(四) 四字熟語 (30)

問1 書き取り

2×10

合格者平均得点 16.4/20

1	2	3	4	5	6	7	8	9	10
劣敗	虎皮	貫徹	異曲	高吟	孤軍	換骨	唯唯 唯々	抜山	巧言

(五) 対義語・類義語 (20)

2×10

合格者平均得点 16.8/20

1	2	3	4	5	6	7	8	9	10
穏健	清澄	懲罰	虚偽	陳腐	厄介	断崖	泰然	平癒	窮乏

(七) 誤字訂正 (10)

2×5

合格者平均得点 7.3/10

	1	2	3	4	5
誤	賢	傾	直	択	搾
正	献	敬	勅	沢	削

(八) 漢字と送りがな (10)

2×5

1	2	3
嘆かわしく	掲げ	偏ら

6	7	8	9	10	11	12	13	14	15	16	17
覚醒	亡者	厳粛	冥福	門扉	謁見	流浪	鉢	襟元	一際	挟	覆

19	20	21	22	23	24	25	26	27	28	29	30
くちゅう	こかつ	ちょうじり	たづな	か	あかつき	こ	あや	ま	そそのか	なつ	つきやま

合格者平均得点 28.1／30

㈢ 熟語の構成 (20

1	2	3	4	5	6	7	8	9	10
イ	ア	ウ	ウ	イ	ウ	オ	エ	ア	エ

2×10

合格者平均得点 16.4／20

問2 意味

11	12	13	14	15
ク	ウ	エ	コ	イ

2×

合格者平均得点 9.3／10

㈥ 同音・同訓異字 (2

1	2	3	4	5	6	7	8	9	10
渓谷	警告	宣誓	先制	不振	普請	葬列	壮烈	触	障

2×10

合格者平均得点 17.0／20

4	5
辱める	担ぐ

合格者平均得点 8.4／10

㈨ 書き取り (50)

1	2	3	4	5
由緒	憎悪	粉砕	堆積	抽出

18	19	20	21	22	23	24	25
仰	塩漬	火照	懇	祝詞	籠	乾	陣

2×25

合格者平均得点 41.4／50

学習日 月 日

／200

(一) 読み (30) 1×30

1	2	3	4	5	6	7	8	9	10	11	12	13	14	15	16	17	18
ぎんみ	こうち	たんせき	ふよ	こうかく	がんしょう	しょくさい	けんお	きょうしょう	しんてい	ひおう	きんしょう	いくびょう	じゅうてん	いんじゅん	しょうきゃく	ていぞう	げきじん

(二) 部首 (10) 1×10

合格者平均得点 7.6/10

1	2	3	4	5	6	7	8	9	10
酉	亀	小	木	頁	女	髟	走	一	口

(四) 四字熟語 (30) 問1 書き取り 2×10

合格者平均得点 15.4/20

1	2	3	4	5	6	7	8	9	10
暮四	美俗	成就	翼翼 翼々	平等	酔生	妖怪	換骨	酒池	清廉

(五) 対義語・類義語 (20) 2×10

合格者平均得点 16.9/20

1	2	3	4	5	6	7	8	9	10
寡黙	治癒	暗愚	懐柔	恥辱	遺憾	逐次	懲戒	割愛	采配

(七) 誤字訂正 (10) 2×5

合格者平均得点 7.1/10

	1	2	3	4	5
誤	垂	憲	羅	擬	依
正	睡	顕	拉	偽	維

(八) 漢字と送りがな (10) 2×5

1	2	3
促さ	臭かっ	損なう

6	7	8	9	10	11	12	13	14	15	16	17
詐称	泥流	荒涼	押印	払拭	転嫁	名刹	一矢	口癖	惨	培	糧

19	20	21	22	23	24	25	26	27	28	29	30
しはい	ふんさい	う	いど	き	におお	せ	うじがみ	す	あと	うれ	だし

合格者平均得点 28.1/30

(三) 熟語の構成 (20

1	2	3	4	5	6	7	8	9	10
ア	イ	エ	ウ	エ	オ	イ	ア	イ	ウ

2×10

合格者平均得点 15.4/20

問2 意味

11	12	13	14	15
ケ	カ	ク	コ	エ

2×5

合格者平均得点 8.7/10

(六) 同音・同訓異字 (2

1	2	3	4	5	6	7	8	9	10
軽侮	警部	吹奏	水槽	壮健	双肩	当否	逃避	刃	端

2×10

合格者平均得点 16.2/20

4	5
廃れ	衰え

合格者平均得点 8.5/10

(九) 書き取り (50)

1	2	3	4	5
万華鏡	戦慄	格子	伴侶	緊密

18	19	20	21	22	23	24	25
霜柱	挟	溝	憤	戯	窮	暁	机上

2×25

合格者平均得点 42.6/50

学習日 月 日

/200

(一) 読み (30) 1×30

1	2	3	4	5	6	7	8	9	10	11	12	13	14	15	16	17	18
せいがん	さんか	るふ	がじょう	ぼっこう	うんでい	がいこつ	けんきん	ふせつ	えんぜん	しゅうぶん	ゆいび	ふせん	しょくさい	きょうさ	へい	らんそう	はいおく

(二) 部首 (10) 1×10

合格者平均得点 8.2/10

1	2	3	4	5	6	7	8	9	10
頁	尸	鬼	艹	曰	甘	辛	土	舛	亻

(四) 四字熟語 (30) 問1 書き取り 2×10

合格者平均得点 15.8/20

1	2	3	4	5	6	7	8	9	10
即妙	内剛	来歴	果敢	喪志	危急	論功	破綻	喜色	東奔

(五) 対義語・類義語 (20) 2×10

合格者平均得点 17.5/20

1	2	3	4	5	6	7	8	9	10
枯渇	曖昧	凡庸	惨敗	催眠	断崖	抄録	遺憾	悠久	憤慨

(七) 誤字訂正 (10) 2×5

合格者平均得点 7.0/10

	1	2	3	4	5
誤	賞	垂	投	礁	放
正	償	推	騰	床	砲

(八) 漢字と送りがな (10) 2×5

1	2	3
汚らわしい	諦める	妨げ

6	7	8	9	10	11	12	13	14	15	16	17
鉄瓶	嫌悪	参詣	遮光	祝儀	会得	種苗	蜂蜜	矯	憂	弦	欲

19	20	21	22	23	24	25	26	27	28	29	30
しょくたく	けんぽう	いな	うれ	つちか	おそ	つ	いこ	うたい	いろど	ひとがき	さと

合格者平均得点 28.3/30

(三) 熟語の構成 (2

1	2	3	4	5	6	7	8	9	10
イ	ウ	オ	ア	イ	エ	ウ	ア	エ	ウ

2×10

合格者平均得点 16.5/20

問2 意味

11	12	13	14	15
カ	ク	ア	キ	オ

2×

合格者平均得点 9.5/10

(六 同音・同訓異字 (2

1	2	3	4	5	6	7	8	9	10
懐妊	解任	炎症	延焼	告示	酷似	錠剤	浄財	懲	凝

2×10

合格者平均得点 17.5/20

4	5
惜しま	翻し

合格者平均得点 8.7/10

(九) 書き取り (50)

1	2	3	4	5
渦中	亀裂	充血	腎臓	有袋類

2×25

18	19	20	21	22	23	24	25
窯元	舌鼓	蚊	焦	卸値	縁	稼	黒白

合格者平均得点 43.7/50

学習日 月 日

/200

2級 試験問題 10 標準解答【本冊52～55ページ】

(一) 読み (30) 1×30

1	2	3	4	5	6	7	8	9	10	11	12	13	14	15	16	17	18
しんし	まめつ	げいごう	ようえん	さんろく	かっこ	すうこう	ちょうじ	だぶん	しゅういつ	しこ	おでい	すいそう	きょうりょう	ちょうめい	あいびょう	だんがい	すうよう

(二) 部首 (10) 1×10

1	2	3	4	5	6	7	8	9	10
大	車	殳	頁	罒	耒	止	斉	口	目

合格者平均得点 7.8/10

(四) 四字熟語 (30)

問1 書き取り 2×10

1	2	3	4	5	6	7	8	9	10
無双	尚早	流転	恋雲	壮語	斬新	怒髪	南船	経世	酒池

合格者平均得点 15.5/20

(五) 対義語・類義語 (20) 2×10

1	2	3	4	5	6	7	8	9	10
中庸	撤去	虚構	懐柔	罵倒	伯仲	肯定	謀反	欠陥	勾配

合格者平均得点 16.8/20

(七) 誤字訂正 (10) 2×5

	1	2	3	4	5
誤	拘	失	条	徳	策
正	抗	疾	壌	督	索

合格者平均得点 7.7/10

(八) 漢字と送りがな (10) 2×5

1	2	3
焦ら	酸っぱく	遮っ

6	7	8	9	10	11	12	13	14	15	16	17
風情	軽蔑	兵糧	搾取	薫陶	異臭	水筒	瑠璃色	麻	恭	懲	侮

19	20	21	22	23	24	25	26	27	28	29	30
きょうじん	だっきゅう	うたよ	すず	なら	あわ	みにく	あ	はずかし	う	かも	うるしぬ

合格者平均得点 28.2/30

(三) 熟語の構成 (2…

1	2	3	4	5	6	7	8	9	10
ア	エ	ウ	エ	オ	イ	ウ	ア	エ	イ

2×10

合格者平均得点 15.9/20

問2 意味

11	12	13	14	15
ア	エ	コ	ウ	ク

2×

合格者平均得点 9.3/10

(六) 同音・同訓異字 (2…

1	2	3	4	5	6	7	8	9	10
融解	誘拐	選択	洗濯	望外	妨害	墳丘	紛糾	尾	緒

2×10

合格者平均得点 15.9/20

4	5
飽きる	慰める

合格者平均得点 8.6/10

(九) 書き取り (50)

1	2	3	4	5
急騰	惨敗	余剰	炎症	帰依

2×25

18	19	20	21	22	23	24	25
卸	目利	居候	虐	鍋	仰	駒	太鼓判

合格者平均得点 43.1/50

学習日 月 日

／200

(一) 読み (30) 1×30

1	2	3	4	5	6	7	8	9	10	11	12	13	14	15	16	17	18
せんさい	そうにゅう	ぎょうてん	せいそう	ざんしん	ちょうか	ぐんじょう	あいかん	かもん	ちょくがん	こっけい	しゃめん	かいきん	そうと	ほうちく	しし	せったく	けんばん

(二) 部首 (10) 1×10

合格者平均得点 7.9/10

1	2	3	4	5	6	7	8	9	10
羊	土	門	頁	氺	山	舟	罒	巾	力

(四) 四字熟語 (30)

問1 書き取り 2×10

合格者平均得点 15.1/20

1	2	3	4	5	6	7	8	9	10
内剛	虎皮	玉食	息災	必衰	謹厳	隠忍	大慈	汗牛	金城

(五) 対義語・類義語 (20) 2×10

合格者平均得点 15.7/20

1	2	3	4	5	6	7	8	9	10
狭量	丁寧	懲罰	分割	貫徹	捻出	快癒	緒言	他界	殊勲

(七) 誤字訂正 (10) 2×5

合格者平均得点 7.9/10

	1	2	3	4	5
誤	弊	奇	液	融	恐
正	幣	危	疫	猶	脅

(八) 漢字と送りがな (10) 2×5

1	2	3
悔いる	統べる	憩う

6	7	8	9	10	11	12	13	14	15	16	17
一旦	披露	登竜門	薫風	転嫁	肥沃	老若	病巣	磨	醸	促	過

19	20	21	22	23	24	25	26	27	28	29	30
きょうらく	しはい	つ	いしうす	うと	さが	かたひじ	しず	くらやみ	かご	はさ	つきやま

合格者平均得点 27.9／30

熟語の構成

1	2	3	4	5	6	7	8	9	10
ア	イ	エ	ア	エ	ア	オ	ウ	イ	ウ

2×10

合格者平均得点 16.4／20

問2 意味

11	12	13	14	15
ウ	ケ	イ	コ	キ

2×

合格者平均得点 7.9／10

1	2	3	4	5	6	7	8	9	10
陶器	騰貴	遺憾	移管	有給	悠久	拒否	巨費	藻	喪

2×10

合格者平均得点 17.2／20

4	5
慕わ	煩わしく

合格者平均得点 8.7／10

(九) 書き取り (50)

1	2	3	4	5
頂戴	索引	成就	拘泥	偵察

2×25

18	19	20	21	22	23	24	25
阻	湧	担	干潟	繭	水泡	押	渇

合格者平均得点 43.7／50

学習日 月 日

／200

(一) 読み (30) 1×30

1	2	3	4	5	6	7	8	9	10	11	12	13	14	15	16	17	18
せきじつ	きえ	さしゅ	いん	きょうけん	ふじょ	らんそう	かいたい	てっしょう	けっしゅつ	ほうやく	ごばん	てきぎ	えっけん	ぐろう	おんねん	ふつぎょう	ゆせい

(二) 部首 (10) 1×10

1	2	3	4	5	6	7	8	9	10
頁	艹	罒	火	几	丨	儿	士	夕	刂

(四) 四字熟語 (30) 2×10

問1 書き取り

1	2	3	4	5	6	7	8	9	10
乱麻	卓説	辛苦	無縫	割拠	安寧	方底	活殺	換骨	斬新

(五) 対義語・類義語 (20) 2×10

1	2	3	4	5	6	7	8	9	10
唯一	曖昧	酷寒	答申	懲罰	逝去	伯仲	流浪	造詣	酌量

(七) 誤字訂正 (10) 2×5

	1	2	3	4	5
誤	足	引	領	看	作
正	息	因	僚	鑑	搾

(八) 漢字と送りがな (10) 2×5

1	2	3
羨ましく	損ねる	縛ら

6	7	8	9	10	11	12	13	14	15	16	17
年俸	貴賓	親戚	煮沸	寡聞	軽蔑	湖沼	雲泥	飢	旨	慈	手袋

19	20	21	22	23	24	25	26	27	28	29	30
ゆううつ	そうへき	あば	うるわ	あきら	いろど	ふさ	きわ	うずしお	はば	あいぞ	よ

(三) 熟語の構成 (2

1	2	3	4	5	6	7	8	9	10
ア	イ	オ	エ	ウ	エ	イ	ウ	ア	イ

2 × 10

問2 意味

11	12	13	14	15
キ	ク	エ	ア	ウ

2 ×

(六) 同音・同訓異字 (2

1	2	3	4	5	6	7	8	9	10
投棄	登記	均衡	近郊	弾劾	断崖	謙譲	献上	冒	犯

2 × 10

4	5
携え	培う

(九) 書き取り (50)

1	2	3	4	5
防疫	元旦	控除	包括	荘厳

2 × 25

18	19	20	21	22	23	24	25
芳	傍	奏	担	尻込	猿	尽	逸

学習日
月 日
／200

(一) 読み (30) 1×30

1	2	3	4	5	6	7	8	9
そうわい	きれつ	こうじん	めいさつ	さいせき	ふくせん	ちゅうてん	しゅうしゅう	こうじ

10	11	12	13	14	15	16	17	18
しょうりょう	ちせつ	こかつ	こんりゅう	そしょう	ゆせい	だっかん	かいよう	ぼんさい

(二) 部首 (10) 1×10

1	2	3	4	5	6	7	8	9	10
广	彡	鼓	革	氵	土	耂	罒	女	斤

(四) 四字熟語 (30)

問1 書き取り 2×10

1	2	3	4	5	6	7	8	9	10
玉食	流転	懲悪	衝天	外患	和衷	軽挙	比翼	枝葉	妖怪

(五) 対義語・類義語 (20) 2×10

1	2	3	4	5	6	7	8	9	10
恒久	肥沃	寛大	卑近	撤去	顕著	豪傑	報酬	堅固	盲点

(七) 誤字訂正 (10) 2×5

	1	2	3	4	5
誤	貢	縁	排	危	登
正	購	怨	廃	飢	搭

(八) 漢字と送りがな (10) 2×5

1	2	3
眺める	憎らしい	覆さ

6	7	8	9	10	11	12	13	14	15	16	17
蛇足	雲泥	成就	清澄	蛍光灯	培養	煩悩	境遇	襟元	蓋	染	火照

19	20	21	22	23	24	25	26	27	28	29	30
ふとん	とうかんし	あなど	つか	けた	は	にせ	ねんご	しず	はさき	かき	うやうや

1	2	3	4	5	6	7	8	9	10
ウ	エ	ア	ア	エ	イ	ア	イ	ウ	オ

2 ×10

問2 意味

11	12	13	14	15
ク	カ	ア	オ	ケ

2 ×

1	2	3	4	5	6	7	8	9	10
真摯	紳士	給与	窮余	葬列	壮烈	更迭	鋼鉄	履	掃

2 ×10

4	5
脅かす	企て

(九) 書き取り (50)

1	2	3	4	5
累計	懸案	薫陶	督促	褒美

2 ×25

18	19	20	21	22	23	24	25
神々	腕利	競	腫	綻	瓦	背水	破竹

学習日 月 日

/200

(一) 読み (30)

1	2	3	4	5	6	7	8	9	10	11	12	13	14	15	16	17	18
しし	だいじょうえ	こうとう	てきか てっか	ひんぴん	きょうさい	きんしゃ	ぶき	ゆうぶつ	てっとう	むげ	きょうりん	こうぎょ	えんがい	じょうぎ	きし	かんそう	そうち

1×30

(二) 表外の読み (10)

1	2	3	4	5	6	7	8	9	10
あげつら	きざはし	まいな	つづま	こぞ	こま	しばしば	ゆめゆめ	し	しめ

1×10

合格者平均得点 8.6/10

(三) 熟語の読み・一字訓読み (10)

ア 1	ア 2	イ 3	イ 4
よぼう	おお	きち	うかが

1×10

(五) 書き取り (40)

1	2	3	4	5	6	7	8	9	10	11	12
梱包	扮装	雌蕊	賞玩翫	蒲柳	柑橘	鞘当	快哉	簾	瓢箪	危殆	途轍

2×20

(六) 誤字訂正 (10)

	1	2	3	4	5
誤	飾	初	進	並	竣
正	燭	緒	信	併	峻

2×5

合格者平均得点 8.6/10

(七) 四字熟語 (30)

問1 書き取り

1	2	3
規矩	盤(槃)根	巻捲土

2×10

(八) 対義語・類義語 (20)

1	2	3	4	5	6	7	8	9	10
留別	迂廻回	蒙昧	蘇(甦)生	背馳	貴賤	惹起	溢美	径(逕)庭	契合

2×10

合格者平均得点 14.8/20

(十) 文章題 (20)

書き取り

1	2	3	4	5
濡	橋梁	気障	糟粕(魄)	放蕩

2×5

合格者平均得点 7.7/10

読み

ア	イ	ウ	エ	オ	カ
さら	よもぎ	おお	まと	あわせ	ひじ

1×10

19	20	21	22	23	24	25	26	27	28	29	30
きゃら	ふんぞうえ	また	もく	うばぐち	よみ	くま	つばおと	いびつ	なんじ	なん	おだまき

合格者平均得点 25.6／30

ウ		エ		オ	
5	6	7	8	9	10
たんぜん	たた	しゅうおく	ふ	しっかい	ことごと

合格者平均得点 9.7／10

(四) 共通の漢字 (10)

1	2	3	4	5
揚	幽	老	祖	疑

2×5

合格者平均得点 6.4／10

13	14	15	16	17	18	19	20
汲汲・汲々	煤塗	俄然	心胆	笠	嵩	伍	期

合格者平均得点 36.0／40

4	5	6	7	8	9	10
一蓮	不倶	半銭	狗盗	佳肴	奄奄・奄々	櫛比

合格者平均得点 17.3／20

問2 意味と読み

1	2	3	4	5
はくい	がいしゅう	ちくい	にんにく	とき

2×5

合格者平均得点 7.6／10

1	2	3	4	5	6	7	8	9	10
五斗米	無何有	浄瑠璃	孝子	藁	獅子	狐狸	蜘蛛	芥	破鏡

2×10

合格者平均得点 15.0／20

キ	ク	ケ	コ
た	なまかじ	かいふく	な

合格者平均得点 9.3／10

学習日	得 点
月 日	／200
月 日	／200
月 日	／200

● 2級受検者の年齢層別割合（2019～2021年度）

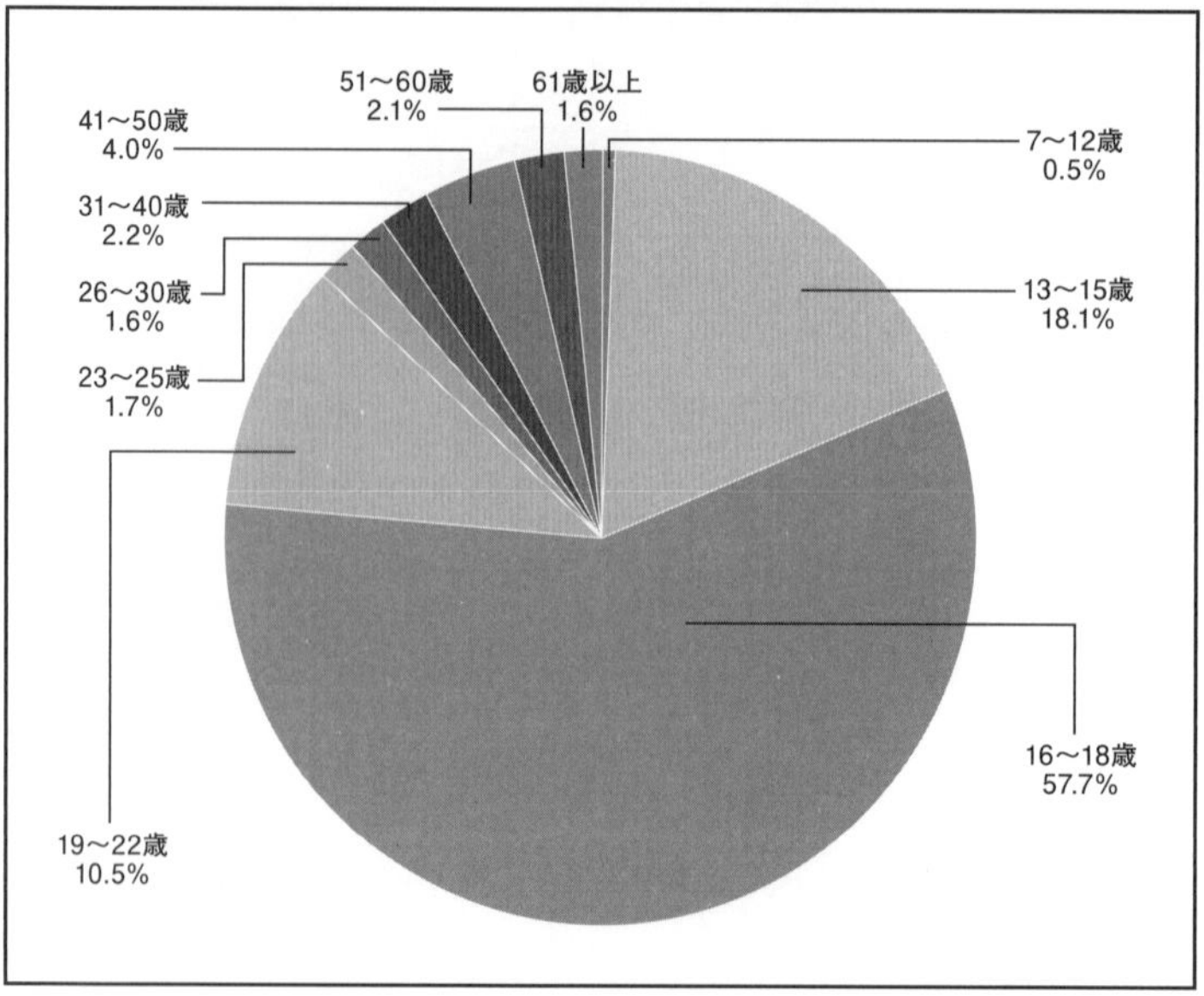

● 2級の設問項目別正答率（試験問題 9 ）

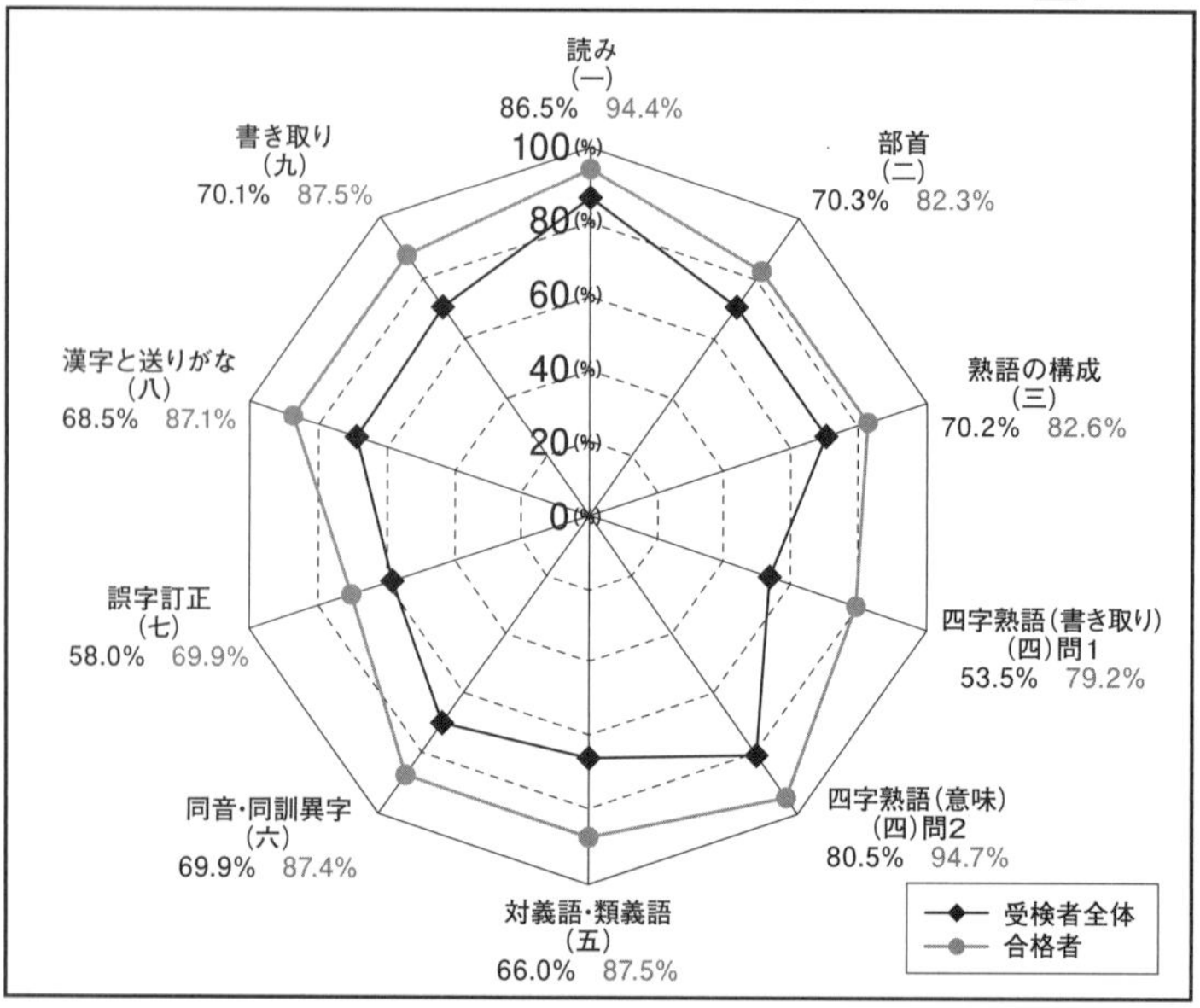

※（一）読み、（二）部首などの設問項目名は、標準解答のものと対応しています。
※枠内の数値（%）は、左側が受検者全体、右側が合格者の正答率です。